Bettina Kowalewski

CRAZY HOTELS

Christian Brandstätter Verlag

INHALT

EINLEITUNG

Alles begann in Australien mit der Bemerkung eines Mitreisenden: In Victoria könne man in einem Troll übernachten, durch seinen Schlund gelange man in eine unterirdische Tropfsteinhöhle mit Terrassen und Betten. – Einfach crazy! Und schon hatte es mich gepackt, das musste ich sehen. ... Ob es womöglich noch mehr solch fantasievoller Unterkünfte gab? – Die Idee für dieses Kompendium war geboren, für ein schillerndes Kaleidoskop der verrücktesten Hotels der Welt.

Um das besondere Schlaferlebnis zu ergänzen, habe ich mich vor Ort auch nach den spannendsten und ungewöhnlichsten Aktivitäten umgesehen. Ausgewählt habe ich möglichst intensive, sinnliche Begegnungen mit Kultur, Geschichte, Wissenschaft, vor allem aber mit der Natur. Einmal Delfinen, Wölfen, Elefanten in freier Wildbahn nah zu sein, still zu werden bei dem Himmelsspektakel einer *Aurora Borealis*, oder staunend durch die surreal anmutende Felslandschaft Kappadokiens zu wandern – all dies sind besondere, eindrucksvolle Erlebnisse, die man nie wieder vergisst.

Und noch etwas: Meine kühnsten Erwartungen wurden jedesmal übertroffen. In jedem einzelnen Fall habe ich vor Ort weitaus mehr vorgefunden, als ich zu hoffen gewagt hatte: mehr liebevolle Details, mehr berührende Geschichten, mehr bleibende Eindrücke. Doch keine Angst, es hat nicht alles in dieses Buch gepasst, es bleibt noch genügend für Sie selbst zu entdecken.

Was mich am meisten überrascht hat, waren die oftmals exzentrischen, sprühenden Charaktere, die charismatischen Besitzer und Schöpfer dieser fantasievollen Behausungen. Bewundernswerte, mutige Menschen sind es, voller Idealismus und Elan, die es allen Schwierigkeiten zum Trotz geschafft haben, ihre Träume in die Tat umzusetzen. – Hut ab! ... oder vielmehr auf, und dann nichts wie hin ... in die verrücktesten Hotels der Welt.

In der Hoffnung, Sie zu inspirieren, sich einmal anders zu betten als üblich,

Ihre
Bettina Kowalewski

PS: Falls Sie auch eine verrückte Unterkunft kennen, die ich im nächsten Kompendium vorstellen sollte, schreiben Sie mir gerne eine Mitteilung auf meiner Homepage www.wildoneproductions.com oder eine Email an info@wildoneproductions.com. Vielen Dank!

++

Vorige Doppelseite: links oben: Bett im Baum (Seite 142); links unten: Bewohnbares Kunstwerk (Seite 100); rechts oben: Zirkuswagen (Seite 92); rechts unten: Unter freiem Himmel (Seite 66).
Gegenüber: Wo alles begann: Der Troll (Seite 168).

JAMES-BOND-KAPSEL

DEN HAAG / HOLLAND

Ein merkwürdiges knatterndes Kasten-Dreirad fährt vor, ein drahtiger Typ in Blaumann mit Backenbart und leuchtenden braunen Augen begrüßt mich: Denis Oudendijk, Hotelbesitzer und »Abfallarchitekt«. Sein Gefährt ist ein ehemaliges Vehikel der Straßenkehrer Den Haags, wie passend. Denis sammelt Dinge, die andere als unbrauchbar aussortiert haben und funktioniert sie um, re-funktioniert sie, wie er es nennt. So wie das Müll-Gefährt, mit dem er nun Journalisten vom Bahnhof abholt und bei Bedarf auch Gäste.

Oder wie sein Hotel, das in der Gracht vor uns im Wasser schaukelt wie in einer Szene aus einem Science-Fiction-Film: zwei orange leuchtende UFOs vor der Kulisse kühner holländischer Architektur mit rundem Hochhaus am Horizont.

Nach gewagtem Schritt aufs schwimmende Rund eröffnet sich durch eine schwer zu hebende Einstiegsluke das Innere der Kapsel: ich kann sie förmlich sehen, die ölverschmierten Männer, wie sie sich dicht an dicht in die Kapsel drängten. Denis' Hotel ist eine re-funktionierte ehemalige Hochseerettungskapsel, die noch bis zum Jahr 2000 im Ölfeld »Ekofisk« vor Norwegen lag und im Notfall 28 Männern der Bohrinsel Platz bot. Nun ja, in diesem Fall war sie sicher alles andere als ein gemütliches Hotel.

Die Kapsel mit ihren 4,25 Metern Durchmesser ist selbst für eine Einzelperson oder ein Paar nicht wirklich geräumig. Innen hat Denis so wenig wie möglich verändert, selbst die originalen Instruktionen für Rettungssignale oder die Seemannsknotenanleitung auf Englisch und Holländisch kleben noch an der Kuppelwand. Ein großes Loch entpuppt sich als die frühere, noch einfachere Version der heute bereitstehenden chemischen Toilette. Heute hat Denis es re-funktioniert als »Minibibliothek«, das heißt es beherbergt einige Stadtführer von Den Haag. Die runde Sitzbank, die die gesamte Kapsel konzentrisch umläuft, bietet Stauraum. Was damals für Rettungsdecken gedacht war, ist heute zur Gäste-Garderobe re-funktioniert. Statt eines Badezimmers gibt es hier Wasser im Kanister für die nötigste Wäsche oder für Tee und Kaffee.

Ein von Denis gefundenes Fischernetz mit einem dicken Schaffell ist das Bett – es ist erstaunlich stabil und wesentlich fester als eine Hängematte, bietet Platz für zwei Personen (die sich mögen) und wurde laut Denis schon unter »schwersten Bedingungen« (zweimal

DENIS OUDENDIJK, BESITZER UND KÜNSTLER

Ich suchte nach einem Rettungsboot und fand die Kapseln. Damit konnte ich zwar nicht wirklich besser nach Müll am Wasser suchen, wie ich es vorgehabt hatte, aber ich mochte sie auf Anhieb so, dass ich sie einfach kaufen musste. Der anschließende Transport kostete mich fast so viel wie der gesamte Kaufpreis. Ich habe auch eine Weile drinnen gewohnt.

Man muss den Dingen eine Chance geben und ihnen zuhören. Wenn du etwas findest, höre gut hin, denn es sagt dir, was es sein möchte.

↣↣

etwa 100 Kilogramm) erprobt. Eine Weltkugel aus Plastik baumelt von der Decke neben Bechern, Thermoskanne und einer glitzernden Discokugel.

Ein Karaokeset samt Mikrophon wartet auf seinen Einsatz: hier kann man herzhaft mitsingen, ohne die Nachbarn zu belästigen, und zwar zu James-Bond-Soundtracks, ausgesucht von Denis, dem eingefleischten Fan. Schuld an allem war »Der Spion, der mich liebte«, in dem Roger Moore mit Barbara Bach als Sowjet-Spionin Anya Amasova die Vorzüge so einer Rettungskapsel genießt. Bei Buchung der »Luxus-James-Bond-meets-Barbarella-Variante« stehen auch ein DVD-Gerät und die komplette Sammlung aller 007-James-Bond-Klassiker bereit.

Denis' Devise ist »Einfälle statt Abfälle«. Statt seine Funde zu entsorgen oder zu recyceln, verschiebt er die Perspektive und ändert einfach ihre Funktion. Die rätselhafte Buchstabenfolge »vlnr« seiner persönlichen Website steht für »von links nach rechts« – im Gegensatz zum Kreis des Re-cyclings. Aus einem wärmenden Ofen macht Denis zum Beispiel einen kühlenden Ventilator. Denis nennt sich selbst »City-Farmer«. Er durchforstet regelmäßig seine Stadt als Abfall-Scout und stellt »Erntekarten« zusammen.

Klar, die Kapsel ist nicht sonderlich bequem, nicht hochglanzpoliert und piekfein, dafür aber authentisch, verspielt und inspirierend, besonders, wenn man Denis und seine genialen Wortschöpfungen näher kennen lernt. – Immerhin stehen die Chancen nicht schlecht, denn er möchte jeden Gast noch selbst begrüßen.

Ich lasse vorsichtig meine Beine über den schmalen Rand meines UFOs baumeln. Es bewegt sich sanft im Wasser. Wenn ein Boot vorbei schippert, ein wenig mehr. Ich sehe den Enten zwischen den Seerosen zu, ein Kormoran verschwindet im Wasser. Dennoch ist dies hier nicht etwa die pure Idylle, sondern die Szene wirkt eher ungeschönt und »echt«. Die Mitarbeiter des Baumarkts von gegenüber kommen herüber und setzen sich auf die schattigen Bänke, um ihre Pause zu genießen. Das industrielle Flair dieses recht geschäftigen Viertels ist ein perfekter Ort für diese Rettungskapsel, die nun ein Hotel ist.

✦✦

LAGE   Capsulehotel – Den Haag, Holland
+31-6417 65560
www.vlnr.info
www.capsulehotel.info (Auf der Website zeigt ein kleiner Film, wie die Kapsel motorbetrieben wie ein Spielzeugbötchen abfährt …)
Die Kapsel liegt derzeit am Strand von Den Haags Ortsteil Scheveningen.

INFO   Man sollte auf jeden Fall vor der Anreise mit Denis Kontakt aufnehmen, denn die Kapseln sind mobil und manchmal nimmt er sie mit zu seinen Workshops.
Standard: Schlafsack, »Survial-Frühstücksbox« mit Orangensaft, Butterkeksen, Energieriegeln, Tütensuppen: 60,00 EUR für 2 Personen.
Luxusversion »James-Bond-Meets-Barbarella«: zusätzlich Seidenliner, DVDs, Schaffell, Champagner, 150,00 EUR für bis 3 Personen.
Studenten und Minderbemittelte zahlen weniger. Anmietung von Fahrrädern möglich. Von seinen zwei Kapseln vermietet Denis meist nur eine.

AMBIENTE   Roh, industriell, inspirierend

ERLEBEN

Fahrradtour zu den Mühlen von Kinderdijk
Im UNESCO Weltkulturerbe Kinderdijk kann man die typisch holländischen Windmühlen einmal aus der Nähe betrachten. Und was liegt näher, als dies auf die typisch holländische Art und Weise zu tun: mit dem Fahrrad.
Das Fahrradparadies Holland verfügt über ein hervorragendes Radwegenetz, die Radwege führen oftmals ganz idyllisch die Grachten entlang, sind angenehm eben und zum Teil zweispurig, besser ausgebaut sogar als die Autostraßen. Eine Fahrradtour ist für Holland ein absolutes Muss.
Die 19 denkmalgeschützten Mühlen stehen in Kinderdijk auf relativ kleinem Gelände beisammen, ein selbst für Holland seltener Anblick.
Die Windmühlen wurden im 18. Jahrhundert erbaut, um überflüssiges Wasser aus den Poldern abzupumpen und den Boden so landwirtschaftlich nutzbar zu machen. 18 von ihnen sind in Privatbesitz und bewohnt, eine steht zur Besichtigung offen (9.30–17.30 Uhr, Eintritt 3,00 EUR). Das Gebiet um die Mühlen ist Naturschutzgebiet, hier gibt es nur Enten, fotografierende Touristen und Fahrradfahrer. Friedlicher wird es jenseits der Besucher-Windmühle.

Windmühlen und Fahrrad im Doppelpack: Von Den Haag nach Kinderdijk 38 km, Fahrradverleih von Denis oder am Bahnhof. Soft-Version: Mit dem Zug nach Rotterdam Lombardijen (40 Minuten), dort leiht man am Bahnhof ein Fahrrad (6,50 EUR/Tag) und radelt nur die restlichen 9 km bis nach Kinderdijk (und wieder zurück). Zugticket retour: 10,60 EUR. Fahrpläne und sogar Karte: www.ns.nl www.kinderdijk.nl

Karaoke Taxi
Nimmermüde Sängernaturen können sich auch während einer Stadtfahrt in Den Haag austoben: Ton Baggermanns Taxi ist ein fahrendes Entertainment-Center. Mit Glitzerkugel, bunten Laserlichtern und Funkmikrophonen können die Fahrgäste nach Herzenslust während der Fahrt ihre Lieblingssongs schmettern. Über 500 Videos stehen zur Auswahl, die auf zwei hinten montierten Bildschirmen gezeigt werden. Auch Surfen im Internet oder Fernsehen auf 22 Kanälen ist möglich.

Das Karaoke-Internet-Fernsehtaxi berechnet einen Grundpreis von 7,50 EUR inklusive der ersten beiden Kilometer, jeder weitere kostet 2,20 EUR. Nur Di–So von 19.30–8.00 Uhr +31-6549 65211, www.karaoketaxi.nl

Besuch in der Gouda-Käserei

Der wohl berühmteste Käse Hollands stammt aus der Gegend um den gleichnamigen Ort Gouda. Eine schöne Farradtour führt von Den Haag, immer wieder entlang der Grachten, zur Kaasborderij Jongehoeve. Die Käserei erlaubt Besuchern bei der Käseherstellung zuzuschauen. Hier auf der Farm wird der Gouda noch weitgehend in Handarbeit hergestellt, erkennbar am eckigen Stempel auf den Käselaiben, im Gegensatz zum runden der Fabrikware in den Supermärkten. Die Auswahl ist groß: Hier gibt es Gouda in allen erdenklichen Variationen und Geschmacksrichtungen, mit Tomaten, Oliven und Knoblauch, Zwiebeln, etc. Unbedingt probieren sollte man den himmlisch-aromatischen Kümmelgouda (der so gar nicht nach Kümmel schmeckt).

An Donnerstagen (zwischen 10:00 und 12:30 Uhr) lohnt ein Besuch des berühmten Käsemarkts im freundlichen und touristischen Gouda. Hier reihen sich die runden Käselaibe und warten auf Abwiegen, Begutachtung, und Verkostung. Zurück geht es mit dem Zug. Fahrrad von Denis. Für die genaue Route auf Nebenstraßen besorgt man sich am besten beim Touristenbüro einen »Fietsgids« (Fahrradführer).

Von Den Haag über Gouda bis Kaasborderij: rund 45 km (rund 3 Fahrradstunden), von Kaasborderij bis Bahnhof Gouda (via Stolwijk): 12 km (45 Fahrradminuten).
Kaasborderij Jongehoeve, Familie De Jong, Benedenberg 90, Bergambacht
+31-182-351 229, Mo–Sa 10:00–17:00 Uhr
Führung: 2,00 EUR. Zug von Gouda nach Den Haag: 5,00 EUR (20 Minuten) + 6,00 EUR für das Fahrrad.
Fahrpläne und Karte: www.ns.nl

EISHOTEL

JUKKASJÄRVI / LAPPLAND / SCHWEDEN

Ein Hotel, das jedes Jahr neu aufgebaut wird? – Verrückt, aber wahr: das Eishotel, ein Wirklichkeit gewordener Hotel-Traum aus Schnee und Eis.

200 Kilometer nördlich des Polarkreises im tiefsten Lappland, dort wo im Winter das Nordlicht leuchtet, liegt das Dorf Jukkasjärvi, ein ruhiger Ort mit einem kleinen Supermarkt, einem gemütlichen Restaurant, einem samischen Souvenirladen und einer Kirche, der ältesten Holzkirche Schwedens. Ansonsten gibt es hier vor allem Hunde, mehr an der Zahl als Einwohner, und … winterliche Weite. Am Ufer des vereisten Flusses, der sich hier regelrecht zum See dehnt, steht die Attraktion der Region: das Eishotel, das Original und die »Mutter« der Eishotels.

Die Idee wurde geboren, als 1990 die Besucher einer Eiskunst-Ausstellung wegen Überbuchung in Schlafsäcken in der Ausstellungshalle aus Eis nächtigten und am nächsten Morgen begeistert von ihrem außergewöhnlichen Schlaferlebnis berichteten. Seitdem ist das Eishotel jedes Jahr neu erbaut worden. Auf rund 5 000 Quadratmetern befindet sich der größte Eis-Hotelbau weltweit mit Eisrezeption, Eissäulenhalle, zahlreichen Eisskulpturen und 64 Suiten. Dazu kommen eine Eiskapelle, in der Gottesdienste und Trauungen stattfinden, ein Eistheater, das Stücke von Shakespeare präsentiert, sowie eine Eisbar mit Video-Liveschaltung in die Schwester-Eisbar in Stockholm. Der Fluss, der wilde Torneälv, liefert das Baumaterial, sobald er im Spätherbst zugefroren ist. Riesige Eisblöcke werden aus seinen tieferen Schichten geschlagen, da, wo das Eis kristallklar ist und einen türkisen Schimmer hat. Jedes Jahr gestaltet eine andere Gruppe von Künstlern das gesamte Hotel neu, jedes Hotel ist ein wenig anders und schlichtweg einzigartig.

Im Eishotel komme ich mit Eis einmal ganz anders in Berührung als ich es von zuhause her kenne. Die kunstvoll gemeißelten Skulpturen laden geradezu ein, mit den Fingern die kalte klare Oberfläche entlangzufahren. Erstaunlich glatt, fast weich fühlt es sich an. Alles, die Wände, die Flure, die Beleuchtung bis hin zum Mobiliar, Tische, Stühle, ja, und auch die Betten – selbst die eleganten Gläser in der Eisbar bestehen aus dem klaren Eis des Flusses.

Für meinen Aufenthalt bekomme ich vom Eishotel warme Kleidung gestellt, eine coole Fellmütze, Schneeoverall, wasserfeste Stiefel und für die Nacht einen dicken Schlafsack. Als am Abend der Strom der Tagesbesucher versiegt, gehört das stimmungsvoll beleuchtete Eishotel endlich ganz uns, den Nacht-Gästen. Ich betrete mein eisiges Schlafzimmer und fühle mich

ARNE BERGH, MITBETREIBER UND KÜNSTLERISCHER LEITER

Jedes Jahr laden wir zwischen 30 und 40 Künstler aus aller Welt zu uns ein, um die Suiten und das Eishotel zu gestalten – nicht etwa nur Bildhauer, sondern auch zum Beispiel Architekten, Web- oder Modedesigner. Die zwei Wochen der Zusammenarbeit im November sind jedesmal die intensivsten und kreativsten zwei Wochen des ganzen Jahres.

an ein Camping-Abenteuer erinnert: die Zimmer haben keine Türen, nur Filzvorhänge trennen sie vom Flur. Die Temperatur meines Schlaf-zimmers beträgt fünf Grad – minus. Eingemummelt liege ich im warmen Schlafsack, nicht direkt auf dem Eis, sondern auf einer Matratze und mit isolierenden Rentierfellen. Dennoch: Nur gut, dass am nächsten Morgen die Sauna zum Aufwärmen wartet. Es ist faszinierend sich vorzustellen, dass durch das Bett, in dem ich liege, im vergangenen Sommer vielleicht ein Schwarm von Lachsen dahinzog. Tatsächlich fin-den sich in dem klaren Eis vereinzelt Pflanzenteile – konserviert wie in einem türkisfarbenen Bernstein, der ein Lebewesen aus vergangenen Zeiten festhält. Hier jedoch nicht für die Ewigkeit, sondern bis zum Frühling, wenn das Hotel in all seiner Pracht komplett schmilzt und in den Fluss zurückkehrt, aus dem es kam. ... Und so wieder Platz macht für ein neues Eishotel im nächsten Winter.

✦ ✦

LAGE	Icehotel – Jukkasjärvi, Lappland, Schweden
	+46-980 66 800
	www.icehotel.com
	In einer kleinen Ortschaft direkt am Fluss-/Seeufer
INFO	Geöffnet je nach Wetter ab Mitte Dezember bis Ende April. 36 undekorierte Eiszimmer: 350,00 EUR (3 200,00 SEK)
	28 Suiten mit Eisskulpturen (unbedingt zu empfehlen): 400,00 EUR (3 700,00 SEK) bzw. 760,00 EUR (7 000,00 SEK) für die Luxussuiten
	58 »warme« Hotelzimmer im Holzhaus und Bungalows: ab 250,00 EUR (2 300,00 SEK)
	Preise jeweils für zwei Personen und inklusive Frühstück, Sauna und Kleidung
	Die Künstler des gezeigten Icehotels: The Landscape Architect Program in Ultuna, Schweden
AMBIENTE	»Warme« Zimmer in Holzhäusern: Stil »Edel-Ikea«
	Eiszimmer: friedlich-still, künstlerisch

ERLEBEN

Ausflug mit dem Hundeschlitten

Ein Muss in Jukkasjärvi. Traumhaft, dick vermummelt auf dem großen Schlitten mit den dahinjagenden Hunden über den vereisten See und durch verschneite Wälder zu fahren. Beim Kaffeestopp am Lagerfeuer geben die Hunde ihr Jaul-Konzert.

1,5 oder 4 Stunden: 150,00 EUR (1 390,00 SEK 1,5 Stunden) bzw. 320,00 EUR (2 950,00 SEK 4 Stunden)
Zu buchen über das Hotel

Kulturtrip mit Samis und Rentieren

Unter Anleitung des Sami-Führers in bunter Tracht kann jeder selbst einmal einen eigenen Schlitten mit vorgespanntem Rentier lenken – so ähnlich muss sich wohl der Weihnachtsmann fühlen! Inklusive kurzer Fahrt im Snowmobil zur Herde der Zucht-Rentiere, Fütterung der Rentiere, Zubereitung über dem Feuer und Verkostung von Rentierfleisch im traditionellen Sami-Zelt »Lavvu«, während der Führer von der Geschichte und Kultur seines Volkes erzählt.

3,5 Stunden: 123,00 EUR (1 125,00 SEK)
Zu buchen über das Hotel

Eisskulpturkurs

Sind Sie auch ein Eiskünstler? Hier im Hotel haben Sie die Chance, einmal selbst Hand ans Eis zu legen und mit fachkundiger Einweisung zu versuchen, eine Skulptur aus Eis zu erschaffen. Das Eis erweist sich als erstaunlich weiche Substanz. Werkzeuge werden gestellt. – Nur mit nach Hause nehmen kann man das eigene Kunstwerk dann nicht!

2 Stunden: 70,00 EUR (650,00 SEK)
Zu buchen über das Hotel

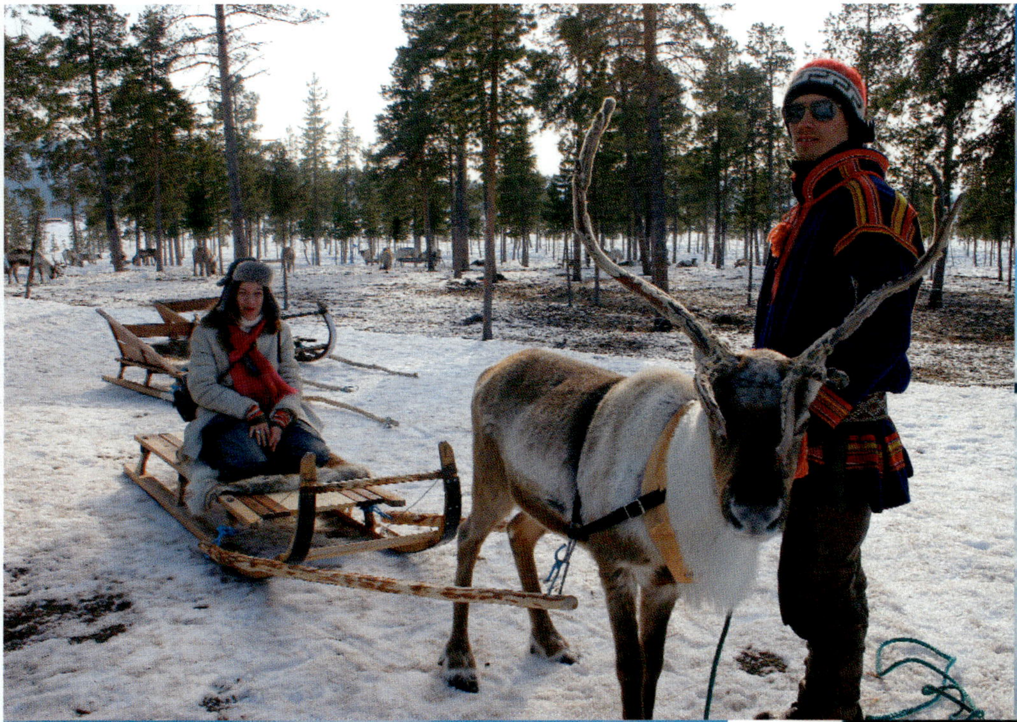

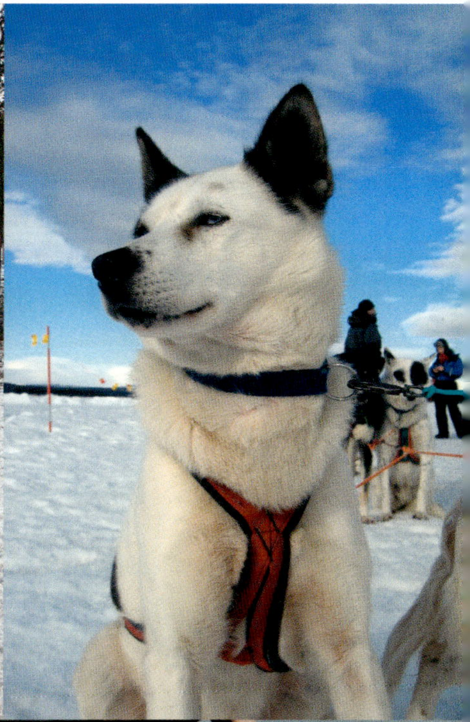

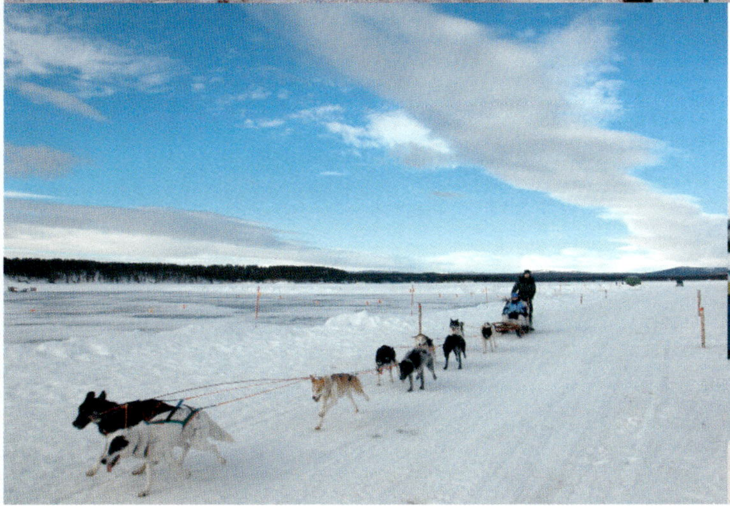

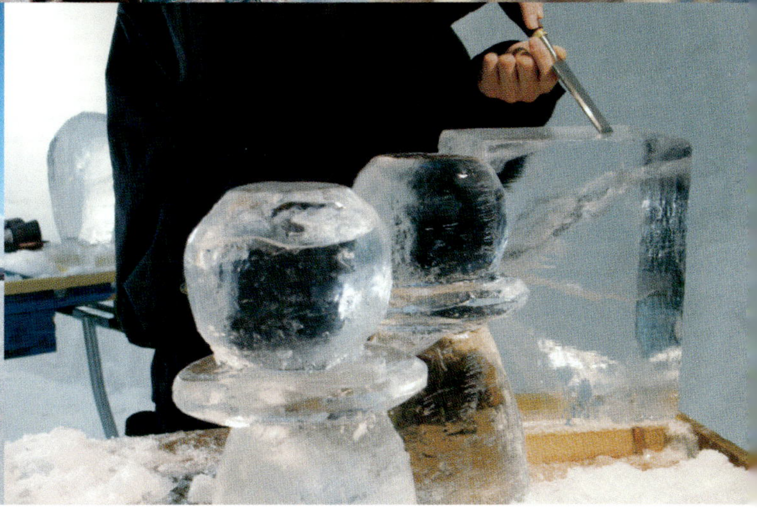

GOTISCHER TEMPEL

STOWE / BUCKINGHAMSHIRE / GROSSBRITANNIEN

Unser Taxi fährt eine kilometerlange schnurgerade Straße entlang, bis zum Eingang des renommierten Elite-Internats »Stowe School«. Very british. Und elitär. Der Schulpförtner händigt uns den Schlüssel zu unserer Unterkunft aus, zu unserem eigenen Tempel (!), der sich wie das Internat auf dem Gelände der berühmten »Stowe Landscape Gardens« befindet. Jungen in Weiß rennen über den Rasen, sicher auf dem Weg zu einem Kricket-Spiel. Hier ist die legendäre britische Klassengesellschaft auf Schritt und Tritt spürbar und nun gehören wir – als Gäste – also auch zum erlauchten Kreis.

Wir fahren und fahren in dem wunderbar wilden Parkgelände umher – Hinweisschilder gibt es keine – und biegen schließlich in einen Feldweg ein. Da endlich, am Ende einer baumgesäumten Allee, thront er, der imposante »Gothic Temple«, oben auf einem Hügel, neben einer pittoresk windgebeugten Zeder. Uns ist, als stiegen wir in ein altenglisches Landschaftsgemälde. Und das ist auch gar nicht mal so abwegig, wie sich noch herausstellen soll.

Der tempelartige Bau mit seinen gotisch spitz zulaufenden Fenstern und gezackten Türmen wirkt von außen riesig und ehrfurchtgebietend, fast schon ein wenig einschüchternd. Doch als wir die mit metallenen Fratzen beschlagene Holztür öffnen, stehen wir in einem luftigen, domartigen Raum, viel übersichtlicher und daher auch heimeliger als erwartet. Nach oben hin öffnet er sich in eine prächtige Kuppel, von einem goldfarbenen Mosaik verziert. Wir stehen und staunen.

Die Architektur ist genial: Der Grundriss des Gebäudes ist dreieckig, doch der offene hohe Raum im Zentrum, das Wohnzimmer, bildet durch die Kuppel einen Kreis im Dreieck. Eine umlaufende Galerie im ersten Stock wiederholt noch einmal die Rundung. Die wohnliche Einrichtung überdeckt die sakrale Atmosphäre: eine Ess- sowie eine gemütliche Sofaecke, Bücherschränke und -vitrinen und französische Türen in den hohen gotischen Fenstern, die zum Park hinausführen.

Die Ecktürme beherbergen allesamt runde Zimmer: eine gut ausgestattete (runde) Küche, ein (rundes) Bad mit freistehender Wanne und bunten Fenstern, oben die zwei (runden) Schlafzimmer. Im ersten Stock blickt man von der kreisrunden Galerie wie von einem »Aussichtsring« hinab ins Wohnzimmer oder auch nach draußen in den Park: antike Sekretäre und

✦ ✦

steinerne Sitzbänke laden zum kreativen oder auch kontemplativen Verweilen ein – bei grandiosem Ausblick auf die genau in dieses Blickfeld platzierten Monumente, Tempel und Seen der berühmten »Stowe Landscape Gardens«.

James Gibbs, Stararchitekt seiner Zeit und Schöpfer anderer architektonischer Meisterwerke wie der berühmten Konzert-Kirche St.-Martin-in-the-Fields in London, schuf den Gothic Temple 1741 bis 1745 als eine sogenannte »Folly«, ein kurioses Gebäude, das nicht unbedingt einen praktischen Nutzen erfüllen musste. In der Tat wurde der Gotische Tempel nie als Gotteshaus genutzt, er erfüllte vielmehr ziemlich irdische Zwecke: er diente der distinguierten Gesellschaft um Lord Cobham als Regenschutz auf ihren ausgedehnten Spaziergängen durch den Park. Die 360-Grad-Panorama-Aussicht vom Dach über der Kuppel ist auch heute noch ein besonderes Erlebnis.

Der Tempel wurde bewusst so exponiert auf einem Hügel platziert: Sehen, aber auch gesehen werden, das war das Motto. Denn der Gotische Tempel war eine Rebellion Lord Cobhams gegen die Politik seiner Zeit. Auch unter dem Namen »Tempel der Freiheit« bekannt, gilt der Gotische Tempel als Höhepunkt von Cobhams politischer Gartenkunst. Sein berühmter Landschaftsgärtner Lancelot Capability Brown trieb seine ureigene Technik des *painting with nature* in Stowe zur Meisterschaft: er komponierte die Landschaft des Parks wie ein Gemälde, indem er durch Bäume, Monumente, Follies, Brücken, Seen oder auch durch Weite genau kalkulierte rhythmische Akzente setzte und dem umherschweifenden Auge Orte zum Verweilen bot. Er wollte jedoch nicht nur ästhetisch erfreuen, sondern auch den Geist anregen. Die Sorgfalt der Komposition ist deutlich zu spüren, daher dachten wir wohl auch beim Anblick des Tempels sofort an Malerei.

Dies ist ein magischer Ort voll verborgener Bedeutung, politischer Auseinandersetzung und aristokratischer Annehmlichkeiten des 18. Jahrhunderts. Das Ambiente des Tempels, der etwas muffige Geruch, die unverputzten Sandsteinwände und das Fehlen moderner Kommunikationsmittel wie Telefon, Radio oder gar TV, all das hilft, uns in die Welt des 18. Jahrhunderts zurückzuversetzen. Ein einmaliges Erlebnis. Neugierige Blicke und ungläubige Fragen der Spaziergänger, ob wir hier wohnten und ob man den Tempel wirklich mieten könne, holen uns zurück ins Hier und Jetzt. Ja, dies ist nach wie vor ein äußerst privilegierter Ort. Die Lage mitten im wunderschönen Park und die vielfältige Flora und Fauna sind ein wahrhaft fürstlicher Genuss. Wilde Kaninchen hoppeln davon, Eichhörnchen, Reiher, Blesshühner, Teichhühner, Gänse, Enten, Schwäne – sogar schwarze, Spechte, Haubentaucher und Turmfalken sind hier zu finden. Ebenso wie üppige Wasserlilien, hoch emporragendes Sumpfgras, über die Teiche hängende Weiden: der Park um den Gotischen Tempel ist ein wunderschönes Naturparadies.

Wenn am Abend der Park schließt und kein Tourist mehr zu sehen ist, senkt sich eine ätherisch-friedliche Stimmung über die Landschaft. Ich blicke aus dem Fenster und sehe den Mond aufgehen über der palladischen Brücke – pittoresk wie ein Gemälde.

+ +

LAGE	Gothic Temple – Stowe, Buckinghamshire, Großbritannien
	+44-1628-825 925
	www.landmarktrust.org.uk
	29 Kilometer nordöstlich von Oxford. Sehr abgelegen, inmitten der 140 Hektar großen National Trust Parkanlagen »Stowe Landscape Gardens«. Ohne eigenes Auto kostet ein Einkauf per Taxi im 5 Kilometer entfernten Buckingham um die 9,00 EUR (6,00 GBP)
INFO	Das Gebäude wird durch den Landmark Trust verwaltet, eine gemeinnützige Organisation zur Restaurierung und Erhaltung historischer Gebäude von nationaler Bedeutung. 2 DZ, Vermietung nur für 3, 4 oder 7 Tage; 7 Tage ab 656,00 EUR (499,00 GBP)– 1600,00 EUR (1419,00 GBP).
AMBIENTE	Naturnah, geschichtsträchtig, elitär und – very british

ERLEBEN

Greyhound Hunderennen

Eine ganz andere Seite des intellektuellen Oxford präsentiert sich im Oxford Greyhound Stadion: hier findet fünf Mal in der Woche das Greyhound-Rennen statt, das berühmt-berüchtigte, typisch britische Freizeitvergnügen.
Die unermüdlichen Hunde, allesamt magersuchtschlanke Greyhounds, flitzen ihrem natürlichen Jagdinstinkt folgend einem künstlichen Hasen auf Metallschiene hinterher.
Die Menge setzt auf ihre Favoriten, aber natürlich kann man auch ohne Vorkenntnisse wetten. Hier trifft man auf eine andere Seite der britischen Gesellschaft als die des Gotischen Tempels: Das »Ascot der Working Class« hat einen ganz eigenen Charme: Hier geht es lebhafter, lärmender und bodenständiger zu.

Donnerstags und samstags 19.30 Uhr, Eintritt: 7,00 EUR (6,00 GBP), freitags 11:00 und sonntags 14:00 Uhr freier Eintritt, aber weniger Stimmung Oxford Greyhound Stadium, Sandy Lane +44-1865 778 222 www.lovethedogs.co.uk

Führung durch die Stowe Landscape Gardens

Die Führung durch das enthusiastische Personal des National Trust ist ein Muss. Der 140 Hektar große Park mit seinem 16 Kilometer langen Wegenetz gilt neben den Londoner Kew Gardens als bedeutendster englischer Landschaftsgarten des 18. Jahrhunderts. Mehr als 40 Monumente, Rotunden, Tempel, Statuen, Brücken und ornamentale Seen sind zu besichtigen, 27 von ihnen sind als schützenswerte historische Gebäude ersten Grades klassifiziert. Fast alle Gebäude und ihre spezifische Anordnung im Park haben eine besondere, oftmals politische Bedeutung. Die »Seite der Tugend« (Circle of Virtue) mit dem »Tempel der Freundschaft« und dem Gotischen Tempel etwa fungiert als Gegengewicht zur »untugendhaften« Seite mit dem »Tempel der unerwiderten Liebe«, dem »Tempel des Bacchus« und der »Couch der Freuden«.
Auch Teile der traditionellen Privatschule »Stowe School«, ein imposanter Bau aus dem 17. Jahrhundert, kann man besichtigen. Zu den ehemaligen Schülern zählen der erfolgreiche Geschäftsmann Richard Branson, der Schauspieler David Niven und Prinz Rainier III. von Monaco.
Kostenlose Führungen von 2 Stunden, März bis

Oktober zwei bis drei Mal täglich außer montags und dienstags, November bis Februar finden die Führungen nur samstags und sonntags statt.
+44-1280-8228 50
www.nationaltrust.org.uk/stowegardens

Oxford Punting

Was wäre Oxford ohne sein Punting, dieses Sinnbild studentischer Lebensart? Ein Student, der vorsichtig den langen Stab ins Wasser sticht und das flache Boot den ruhigen Fluss entlang führt, während seine Kommilitonen im Boot plaudern und sich entspannen. Punting, also eine Fahrt im Stechkahn, ist gleichermaßen beliebt bei Studenten wie bei Touristen und wohl die geruhsamste Art, Oxfords Atmosphäre zu erleben. Leise gleiten die Boote unter Brücken und überhängenden Weiden hindurch, vorbei am botanischen Garten und dem berühmten Christ Church College, auf dessen Wiesen meist Studenten die Ufer säumen. Malerisch an der Magdalen Bridge gelegen.

1 Stunde auf dem River Cherwell selbst fahren: 18,00 EUR (16,00 GBP), am Wochenende 22,50 EUR (20,00 GBP).
Chauffeur mitmieten:
pro 30 Minuten 26,00 EUR (23,00 GBP)
Geöffnet in der Regel März bis einschl. Oktober.
Magdalen Bridge Boathouse
+44-1865 202643
www.oxfordpunting.co.uk

WEINFASS

RÜDESHEIM / HESSEN / DEUTSCHLAND

Wer in der weltberühmten Drosselgasse zu Rüdesheim am Rhein einen feucht-fröhlichen Zechabend hinter sich hat, kann sich gleich um die Ecke in ein ungewöhnliches doch ob der Gelegenheit nicht minder passendes Bett plumpsen lassen – in ein Weinfass.

Versteckt hinter der »Schunkelgasse«, die des Tags wie nachts Horden von Touristen jedweder Couleur anlockt mit ihren Souvenirshops und Schankwirtschaften, findet sich im Hof des Hotels »Lindenwirt« eine kuriose Anreihung von Weinfässern. Überdimensional, riesig groß sind sie, ein jedes bunt bemalt und mit zwei kleinen Fensterchen und einer knorrigen Eingangstür ausgestattet.

Bis 1971 lagerten die rund 80 Jahre alten Fässer noch in den dunklen und feuchten Weinkellern der Winzerfamilie Ohlig. In den riesigen Fässern reifte und gärte der edle Traubensaft, weiß der Rüdesheimer Riesling oder rot als Spätburgunder, in jedem Fass zwischen 6.000 und 8.000 Liter.

Nach dem Krieg entschied Großvater Ohlig, einer verrückten Eingebung folgend, die ausgedienten Fässer nicht wie geplant zu Brennholz zu verarbeiten, sondern sie ganz im Gegenteil zu sanieren und noch auszubauen. Er brachte die Fässer kurzerhand aus dem Keller hinauf zum Hotel, wo sie heute in Reih und Glied den Innenhof schmücken. Jedes Fass wurde mit zwei Betten ausgestattet, erhielt den Namen einer besonderen Weinbergslage wie »Hallgartener Jungfer«, »Martinsthaler Wildsau« oder »Rüdesheimer Rosengarten« und dazu einen passenden weinseligen Spruch – zur richtigen Einstimmung auf die Nacht im Fass.

Und die könnte kurz ausfallen, bei dem Angebot an »rheinischem Frohsinn« gleich nebenan. Die zahlreichen Gartenlokale, Straußwirtschaften und Kellerschenken der Drosselgasse bieten neben Speis und natürlich Trank viel Gute-Laune-Musik zum Mitsingen, Mitschunkeln und Schwofen. Zugegeben, der lautstarke Charme der Drosselgasse mag nicht jedermanns Sache sein, doch ein Erlebnis ist er allemal. Und nicht nur Senioren, die mit großen Reisebussen anreisen, sondern auch einiges Jungvolk sieht man hier das Tanzbein schwingen.

Ich ziehe mich zurück in mein schmuckes Weinfass mit dem schönen Namen »Rüdesheimer Katerloch«. Die Innenausstattung ist denkbar einfach, doch Dusche, WC und ein kleiner Schrank sind vorhanden, sie wurden hinten ans Fass quasi angebaut. Mein Bett im Fass

PETER OHLIG, BESITZER

Meine Familie und ich sind eng mit dem Wein verbunden. Kein Wunder, laut Auskunft meiner Mutter bin ich im Weinkeller zwischen den Weinfässern entstanden. Wein ist ein hervorragendes Genussmittel und außerdem gesund! Die Fässer sind für Leute, die den Wein so mögen, dass sie sogar nachts nicht von ihm lassen wollen.

entpuppt sich als extrem schmal. Nun ja, für Riesen ist es nicht geeignet. Doch was ist das? Nein, es ist nicht etwa eine Täuschung, ausgelöst durch zuviel des guten Weins: die Betten sind tatsächlich schief beziehungsweise weiten sich praktischerweise zur Mitte hin aus. Sie folgen eben der runden Ausbuchtung des Weinfasses.

Als gegen Mitternacht das letzte »Hey Baby« leise durch die Planken dringt und verebbt, gehen meine Fass-Nachbarn offensichtlich zum Philosophieren über, ganz auf Diogenes' Spuren … wenn auch hier vielleicht der Wein der Drosselgasse der philosophischen Inspiration etwas nachgeholfen haben mag.

✈ ✈

LAGE	Hotel Lindenwirt, Weinfässer – Rüdesheim, Hessen, Deutschland +49-67 22-91 30 www.lindenwirt.com Gleich hinter der belebten Drosselgasse, am Unesco-Weltkulturerbe Mittelrhein mit vielen Burgen und Weinbergen
INFO	6 Weinfässer mit je zwei Einzelbetten, einfache Ausstattung, Übernachtung mit Frühstück: ab 68,00 EUR für zwei, 58,00 EUR Einzelzimmer. Fässer geöffnet von Januar bis November
AMBIENTE	Einfach und rustikal

ERLEBEN

Schifffahrt – Weltkulturerbe Mittelrhein

Eine Schifffahrt ist fraglos die bequemste Art, die auf Felsvorsprüngen wie Perlen aufgereihten Höhenburgen in der malerischen Rheinlandschaft des Unesco Weltkulturerbes zu besichtigen, am besten mit fachkundiger Erläuterung an Bord. Zwischenstopp in Bacharach, einem Kleinod der Rheinromantik, laut dem begeisterten Besucher Victor Hugo »eine der schönsten Städte der Welt«. Restaurierte Fachwerkhäuser, eine alte (begehbare) Stadtmauer mit Wehrtürmen und die alles überragende Burg Stahleck verleihen dem Ort mittelalterliches Flair. Von der Burg aus (heute eine Jugendherberge) hat man eine fantastische Aussicht über den Rhein.

Schifffahrt mit begleitender Erläuterung an Bord. Ab Rüdesheim mit den Linien »Bingen-Rüdesheimer« oder der »Köln-Düsseldorfer«. Fahrt nach Bacharach rheinabwärts 1 Stunde, aufwärts 1,5 Stunden, hin und zurück: 12,50 EUR (www.bingen-ruedesheimer.com) bzw. 15,20 EUR (www.K-d.com)

»Musikalische Schlenderprobe« im Kloster Eberbach

Eine originelle Art der Weinverkostung bietet das idyllisch im Wald gelegene Kloster Eberbach. Auf einer kulturhistorischen Führung durch das schmucke Zisterzienserkloster schlendern die Teilnehmer auf den Spuren der Eberbacher Mönche durch die altehrwürdigen Klostergemäuer. Unterwegs wird an sechs besonders stimmungsvollen Orten Halt gemacht, wie etwa im historischen Cabinetkeller (Geburtsort für die Prädikatsbezeichnung »Kabinett«!), im eleganten hochgotischen Kapitelsaal und im kreuzgewölbten Dormitorium – bekannt geworden als Bibliothek im Film »Der Name der Rose«. Bei musikalischer Untermalung werden Klosterweine zur Verkostung eingeschenkt, deren erste Reben die Mönche Eberbachs vor rund 800 Jahren in die umliegenden Hänge pflanzten. Damit begründeten sie den Weinbau des Rheingaus schlechthin, heute eine der wichtigsten Weinbauregionen des Landes. Die Domänen und Weinberge der Hessischen Staatsweingüter Kloster Eberbach – auch um Rüdesheim und Assmannshausen – bilden das größte Weingut Deutschlands.

In unregelmäßigen Abständen, früh anmelden. 2,5 Stunden Dauer: 27,00 EUR. Auch Schlenderproben ohne Musik: 22,00 EUR. 15 Autominuten von den Weinfässern.
+49-6723-9178 111, -112, -113
www.klostereberbach.de

Romantiktour mit Burgenbesuch

Die Highlights der Umgebung Rüdesheims, Reben, Rhein und Burgen, erkundet man am besten auf einer Rundtour. Per Seilbahn geht es in Rüdesheim hinauf zum imposanten Niederwalddenkmal. Von hier aus führt ein etwa einstündiger Spazierweg durch lichten Wald zur Burgruine Rossel und via »Zauberhöhle« ein Stück auf dem Rheinsteig zum Jagdschloss Niederwald. Ein Sessellift führt hinab zur Rotweinstadt Assmannshausen, wo ein Schiff

zur Burg Rheinstein auf der anderen Rhein-
seite übersetzt. Die mittelalterliche Burg samt
Ritterrüstungen, Fräuleinzimmer und Schloss-
kapelle ist zu besichtigen. Anschließend geht
es per Schiff wieder zurück nach Rüdesheim.

*Romantikticket inklusive Seilbahnen, Schiff,
Burg: 14,00 EUR.*
*Karte der Spazierwege nach Assmannshausen im
Internet oder von der Seilbahn erhältlich.*
+49-6722-2765
www.seilbahn-ruedesheim.de

HAUS AUF DEM SEE

VÄSTERAS / VÄSTMANLAND / SCHWEDEN

Etwa eine Stunde Zugfahrt von Stockholm entfernt im schwedischen Västmanland liegt das »Utter Inn«, ein kleines Holzhäuschen, in typisch schwedischem Stil dunkelrot und weiß getüncht. Doch liegt es nicht etwa »am See«, auch nicht »direkt am Ufer«, nein, mittendrin *im* See liegt, oder besser schwimmt es. Hier, in Schwedens drittgrößtem Binnensee, dem Mälaren, kann man über und selbst unter Wasser wohnen.

Das winzig kleine Häuschen im See ist rudimentär ausgestattet, Gaskocher, Kanister mit Frischwasser, chemische Toilette – nichts für Luxus-Suchende, klaustrophobisch Veranlagte oder physisch Lädierte: ins Schlafzimmer drei Meter unter der Wasseroberfläche geht es eine steile Aluminiumleiter hinunter. Doch wer den Abstieg wagt, wird tausendfach belohnt.

Drei Meter unter der Oberfläche schimmert das Wasser des Mälaren hinter den langgezogenen Fenstern grünlich. Und tatsächlich, immer wieder nähern sich ein paar neugierige Fische, die mich beäugen, ganz wie im Aquarium, nur bin diesmal ich diejenige im »Glaskasten«.

Spuren von Algen haben sich am Fenster festgesetzt, kleine Hechte und gestreifte Barsche halten sich in der sanften Strömung und lugen ohne Scheu zu mir herein – und ich hinaus. Stundenlang kann ich so schauen – Fische statt Fernsehen.

Doch schönes Wetter lockt hinauf. Es ist herrlich entspannend, auf der terrassenartigen Plattform im Liegestuhl zu sitzen, mitten auf dem eigenen »Mini-Inselchen« im See. Denn das ist es, was man hier tut, außer vielleicht mal zur Abkühlung in den See zu springen oder mit dem knallroten Gummiboot auf die Nachbarinsel zu paddeln. Selbst gestresste Stadtmenschen können und müssen sich dem absoluten »Insel-Feeling« überlassen, es bleibt schlicht nichts zu tun als dem beruhigenden Plätschern des Wassers zu lauschen und das sanfte Schaukeln des Häuschens wie eine Baby-Wiege zu spüren.

Wenn ich die Augen öffne, sehe ich nichts als Wasser und am Horizont eine kleine bewaldete Insel. Ab und zu kommt ein Segel- oder Schnellboot vorbeigefahren, stündlich auch die vollbepackte Fähre. Die Passagiere an Bord winken und sehen interessiert herüber, als wollten sie prüfen, ob ich wohl genauso verrückt bin wie das Häuschen selbst. Im »Utter Inn« wird man eben neugierig beäugt: oben von Schiffen, unten von Fischen.

Abwechslung kommt auf, als ein Schnellboot meinem Inselchen zu nahe kommt, sein Fahrer

MIKAEL GENBERG, KREATEUR UND BETREIBER

Es ist mir ganz egal, ob die Leute meine Werke als »Kunst« bezeichnen, das Erlebnis ist das gleiche, wenn man im »Utter Inn« wohnt, nur dass man als Bewohner automatisch Teil davon wird. Die »Kunst« ensteht dabei eher im Auge des Betrachters.

ahnungslos und fröhlich winkend. Ich befürchte das Schlimmste und halte schon mal alle Utensilien auf dem Tisch fest umschlungen. Die Wellen schwappen heftig auf die Terrasse, das gesamte Häuschen quietscht und schwankt bedenklich. Der Fahrer entschuldigt sich überschwänglich auf Schwedisch, das soll wohl bedeuten »Sorry, dass ich fast dein Haus umgekippt hätte«. Drinnen gibt es einen lauten Krach, der Wasserbehälter ist heruntergepurzelt, nur gut, dass ich sonst alles »sturmsicher« verstaut habe. Für die Nacht sollte auf jeden Fall, wer hellhörig ist, Ohropax nicht vergessen … Doch so schnell wie er gekommen ist, ist der Spuk auch schon wieder vorüber, und die meditativ-plätschernde Ruhe kehrt wieder ein.

✦✦

LAGE	Utter Inn – Västerås, Västmanland, Schweden
	+46-21-83 00 23
	www.mikaelgenberg.com
	Mitten im See, 10 Schlauchbootminuten vom pittoresken Städtchen Västerås
INFO	1 Raum: Oben rund 6 Quadratmeter mit Kochgelegenheit, extrem simpel, außen Terrasse mit zwei Stühlen, Tisch und Liegestuhl
	Unten etwas größer und gemütlicher, zwei Betten, Tisch und Leselampen.
	DZ ohne Frühstück: pro Person 120,00 EUR (1100,00 SEK); mit Frühstück 135,00 EUR (1250,00 SEK); Halbpension 165,00 EUR (1500,00 SEK)
AMBIENTE	Mini-Insel-Feeling

ERLEBEN

Zum Baden nach Östra Holmen

Das schöne Holz-Fährboot »Elba« fährt im Sommer stündlich auf die nahe gelegene Badeinsel »Östra Holmen«; die bei den Einwohnern von Västerås und Touristen gleichermaßen beliebte bewaldete Felsinsel (Schäre) bietet mehrere felsige Badestellen und Strände inklusive FKK-Strand.

Hin- und Rückfahrt: 7,00 EUR (65,00 SEK)
+46-21-80 38 80
http://www.rederimalarstaden.se/pdf/tyska.pdf

Kanu-Trip auf dem Liliensee

Selbstgeführte Paddeltour entlang des ruhigen Svartån Flusses zum Picknick auf einer kleinen Insel im Fläcksjön See. Besonders spektakulär, wenn Ende Juni bis Anfang August der ganze See mit Wasserlilien überzogen ist. Das Gebiet ist sehr vogelreich und häufig werden hier Seeadler gesichtet. Am Abend erwartet die Rückkehrer ein Lagerfeuer fürs Grillen von Bio-Burgern und -Würstchen.

Tagestour »Big Burger«, Mai bis September, inkl. Karte, Bio-Lunchpaket und Grillen 69,00 EUR (625 SEK), mit einer Übernachtung ab 110,00 EUR (1020 SEK). 30 Min. von Vasteras.
+46-21-73 115
http://edensgarden.se/en/kanotpaket/

Wikingerinsel Birka

Tagesausflug mit 2,5 Stunden Fahrt entlang des langgestreckten Mälaren-Sees vorbei an idyllischen Schäreninseln; Birka ist der älteste und ehemals wichtigste Handelsplatz Schwedens, zählt zum Unesco-Weltkulturerbe. – Doch wie bei archäologischen Stätten üblich, liegt das Spektakel unter der Erde. Eine Handvoll Stände demonstriert das traditionelle Handwerk der Wikinger wie Schmieden und Schiffsbau.

Ausflug mit Bootsfahrt und Führung in Birka: 38,00 EUR (345,00 SEK)
+46-21-39 01 00 (Tourismusbüro)
http://www.rederimalarstaden.se/batutflykter/vasteras/birka-vikingastaden (schwedisch)

HOTEL IM BERG

ST. GOTTHARD / TESSIN / SCHWEIZ

»Über den Wolken. In der Tiefe des Bergs. An der Quelle der Flüsse.« – Dort soll das Hotel liegen. Das klingt nach einem geheimnisvollen, ja mythischen Ort. Nun, die Landschaft oben auf dem Sankt-Gotthard-Bergmassiv in 2 050 Meter Höhe passt gut dazu: karg, extrem, dem Wetter preisgegeben. Nur die gewaltige Staumauer des Lago di Lucendro scheint den Naturgewalten trotzen zu wollen.

Der Eingang zum Hotel ist wenig mehr als ein Loch im Berg – kaum vorstellbar, dass sich dahinter ein gemütliches Hotel verbergen soll. Eine freundliche Stimme aus der Sprechanlage heißt mich eintreten, mit leisem Summen öffnet sich die rote Tür in einen schummrig beleuchteten Eingangsstollen, roh, dunkel, metallisch, feucht. Es tropft. Der Tunnelgang ist noch immer der aus dem Zweiten Weltkrieg, als hier Soldaten ein- und ausgingen.

Schritt für Schritt dringe ich tiefer ins Innere des Bergs. Auf dem Weg sind mehrere schwere Eisentüren zu öffnen und, so fordern vergilbte Hinweisschilder im militärischen Ton, auch wieder hinter mir zu schließen. Mit jeder Tür lasse ich die Außenwelt weiter hinter mir zurück. Es ist, als überschritte ich Schwellen, einem geheimen Ritual folgend, auf dem Weg in eine gut abgeschottete, innere Welt.

Nach 200 Metern schließlich erscheint am Ende des Gangs wie eine Membran ins Innere eine beschlagene Glastür. Dahinter leuchtet ein roter Teppich. Es gibt keine Rezeption, jeder Gast wird hier individuell in Empfang genommen. Jean Odermatt begrüßt mich, der Begründer von La Claustra, ein intelligent dreinblickender behender Mann, der vor Energie zu sprühen scheint. Hier, in dieser geräumigen Felsen-Halle, herrscht eine offene, fast feierliche Atmosphäre. Ein kastenartiges Gebäude ragt aus dem Fels, das Restaurant, wie Jean mir erklärt, davor eine Sitzgruppe, eine hohe Vase mit Lilien sowie farbige Lichtakzente auf dem Boden. Alle Elemente wirken bewusst sparsam platziert und in ihrer Reduktion umso effektvoller. Der Luxus kontrastiert und harmonisiert das rohe Gestein.

Auch hier tropft es stetig, das Geräusch wirkt wie eine beruhigende esoterische Sound-Installation. Doch diese Tropfen sind echt, tönerne Amphoren fangen sie auf: Über uns befindet sich ein See, ein Reservoir mit 45 000 Litern reinsten Trinkwassers, gespeist aus fünf Quellen. Die Quelle der Reuss, des Flusses, der durch Luzern fließt, liegt direkt über uns. Und auch die

Rhône, der Rhein und der Tessin entspringen hier. Der Gotthard sei eines von drei Quellgebieten weltweit, in denen Flüsse in alle vier Himmelsrichtungen entspringen, erklärt Jean, sonst gebe es das nur noch im Himalaya und im südamerikanischen Orinocco.

Für Jean ist der Gotthard ein magischer Ort. Schon seit 1983 setzt er sich künstlerisch mit dieser Landschaft in mehreren Projekten auseinander, eines davon ist La Claustra. Der Gotthard ist für ihn ein Brennpunkt der Metamorphosen. Er trennt nicht nur Wasser, sondern auch Klima sowie Sprachen und Kulturen Europas; hier manifestieren sich nicht nur die Strömungen des Wetters, sondern auch die des gesellschaftlichen Lebens unserer Zeit: Fragen der Mobilität etwa oder des Sicherheitsdenkens.

La Claustra befindet sich in einem etwa 4 000 Quadratmeter großen unterirdischen Terrain mitten im Gotthard-Massiv. Im Zweiten Weltkrieg und noch bis 1995 beherbergte es als geheime Artilleriefestung San Carlo rund 300 Soldaten, zur Verteidigung der Passstraße. Die militärischen Anlagen sind inzwischen aus- und umgebaut, die Kanone durch ein Teleskop ersetzt. Heute verfolgt die Anlage im Fels den gegenteiligen Zweck: den der Kommunikation.

Angelegt als eine »postmoderne Klosterherberge« versteht sich La Claustra als ein Ort der Reflexion und Erkenntnis, aber auch der Begegnung. Gäste aus möglichst verschiedenen Sparten, Wissenschaftler, Manager, Handwerker, Künstler, Touristen sollen hier zusammenkommen und sich austauschen.

Jean führt mich auf Holzstegen mit rotem Teppich unter einem weißen Leinentuch-Baldachin, der die Tropfen auffängt, zu meinem Zimmer. In den Gängen plänkelt leise Meditationsmusik, die sich mit den Tropfgeräuschen vermischt. Ich fühle mich wie in einem feuchten Höhlen-Labyrinth. Von den Felswänden rinnt Wasser, das sich unten in schmalen Kanälen sammelt, wie in Adern des Bergs. Strahler setzen Lichtpunkte und akzentuieren die Strukturen von Wasser und Fels. Modernste Energietechnik klimatisiert den Berg und sorgt für angenehme und trotz der steten Tropfen »trockene« 20 Grad Celsius.

Jedes Zimmer trägt den Namen einer »Horizontlinie« der Alpen: Sambuco, Lucendro, Rotondo, Wilder Mann. Ich wohne im »Leventina«. Die Möbel der sparsam-stilvollen Einrichtung hat Jean selbst entworfen. Tische, Bett und Stühle sind aus Ulmenholz, der Fußboden aus heller Lärche gefertigt. Ein Bild leuchtet an der Wand, es ist eine wunderschöne, von hinten angestrahlte Fotografie eines Bergs bei Sonnenaufgang. Wenn ich das Licht einschalte, verwandelt es sich in einen Spiegel über dem Waschbecken – genial. Aus dem Wasserhahn fließt das Quellwasser direkt aus dem Berg. In die 350 Kilogramm schwere Eisentür (!) ist ein Glasschlitz eingelassen, damit man sich nicht so eingebunkert fühlt. Das bedeutet natürlich aber auch weniger Privatsphäre ... Am Abend kann, wer will, den schmalen fahrbaren Kleiderschrank vor den Sehschlitz rollen.

Doch mit der Privatsphäre ist das so eine Sache im La Claustra. Nicht nur weil die Duschen und Toiletten außerhalb des Zimmers im kleinen aber sehr feinen Wellnessbereich liegen und die Gäste sich ab und zu im Bademantel begegnen. Schnell wird deutlich, dass dieses Hotel weit mehr als lediglich eine angenehme Stimmung schafft. Gewohnte »Orientierungskoordinaten«

JEAN ODERMATT, KÜNSTLER, SOZIOLOGE, INITIATOR VON LA CLAUSTRA

Was mich interessiert, sind die Metamorphosen. Wie verändern sich die Wolken, das Wetter, wie verändert sich ursprüngliche Sicherheitsarchitektur, ein Militärbunker in ein Kommunikationszentrum. La Claustra ist für mich ein Gefäß, in dem Prozesse zwischen den Menschen stattfinden.

→ →

des Alltags und äußere Ablenkung zum Beispiel durch das Fernsehen fehlen. Hier im Berg klingelt auch ganz gewiss kein Handy, und selbst das Sonnenlicht gibt in diesem fensterlosen Reich der Felsen keinen Tagesrhythmus vor. Man verliert schnell das Gefühl für Raum und Zeit. Und das ist auch ganz im Sinne des Erfinders, Jean, des Soziologen. Denn was nun folgt, ist eine Öffnung für das Neue und den Anderen. Schießlich sitzen wir hier alle im selben Berg.

Unwillkürlich fühlt man sich wie eine verschworene Familie, die Zahl der Gäste ist ja auch begrenzt. Bald kenne ich die anderen Bewohner dieser eigenständigen Welt unter Tage mit ihren eigenen Gesetzen. Und ich bin voller Verständnis und nicht wirklich überrascht, als ich am nächsten Morgen meine Nachbarn in unkonventioneller Pose auf allen vieren kriechen sehe, interessiert über den Wasserkanal gebeugt. Ich geselle mich zu ihnen, und gemeinsam bewundern wir die clevere Beleuchtung und die faszinierenden Lichtreflexe im Wasser.

Hier, tief im Berg, ist alles anders. Die Distanz zum Alltag macht nicht nur neugierig, sondern schärft auch die Sinne. Hier gibt es nur Felsen, Wasser und Licht. Die Reduktion verhilft zu Konzentration und zur Besinnung auf das Wesentliche.

La Claustra ist eine Oase im Berg zur Erholung von Körper und Geist. Ein verborgener Ort, der wie in alten Mythen von denen gefunden wird, die bereit sind für eine Reise ins Innere.

✈✈

LAGE	La Claustra – St. Gotthard, Tessin, Schweiz
	+41-91-880 50 55
	www.laclaustra.ch
	Im Berg, 300 Meter nördlich des Gotthard-Passes 2050 Meter über dem Meeresspiegel, auf dem Gebiet der Tessiner Gemeinde Airolo, 2 Autostunden von Zürich oder Milano
INFO	4-Sterne, 9 EZ 125,00 EUR (210,00 SFR), 8 DZ 250,00 EUR (420,00 SFR) inklusive Frühstück, HP (unbedingt zu empfehlen!) 155,00 EUR (260,00 SFR) pro Person. Geöffnet in der Regel zwischen Anfang Mai und Ende Oktober
AMBIENTE	Roh und luxuriös, meditativ und kommunikativ

ERLEBEN

Tischrunde Tavolata

Regelmäßig finden im La Claustra unterhalt-same und lehrreiche Tischrunden statt, die Tavolatas. Bei sechs Gängen eines köstlichen Abendmenüs wird kommuniziert und ge-schlemmt. Für seine kulinarischen Hochgenüsse schickt Jean »Food-Scouts« aus, um die erlesens-ten Zutaten und schmackhaftesten Weine für sein Hotel aufzuspüren. Jean selbst oder ein ausgewiesener Experte erzählt bei den lebhaf-ten Tischrunden interessante Geschichten rund um ein ausgewähltes Thema. Zudem führen bei Weintavolatas Weinkenner der Region Weinde-gustationen durch, bei der Künstler-Tavolata performen Künstler szenische Lesungen. Die Tavolatas verwöhnen die Sinne und inspirie-ren den Geist – die Quintessenz La Claustras. Inklusive Führung durch die Anlage »Vom Ré-duit zur Oase«. Verschiedene Termine, im In-ternet ersichtlich.

Inkl. Übernachtung: 233,00 EUR (390,00 CHF)

Mit der Dampfbahn zur Eisgrotte

Auf einer nostalgischen Fahrt in einer über 80 Jahre alten Dampflok kann man die bahntech-nischen Pionierleistungen der Schweizer Berg-bewohner bewundern. Durch die grandiose Gebirgslandschaft schnauft die historische Lokomotive mit ihren hübsch restaurierten Nostalgiewaggons vom Bergdorf Realp durch mehrere Tunnel, über kühne Brücken und Via-dukte den Berg hinan. Nach einer Pause zum Wasserladen erreicht sie nach eineinviertel Stunden die Station Muttbach-Belvédère. Von hier aus führt ein Weg (rund 40 Minuten) hinauf zum Hotel-Restaurant Belvédère und weiter zu einer Eisgrotte im Rhônegletscher, knapp 2300 Meter über dem Meeresspiegel. Der rund 100 Meter lange blaue Eistunnel mit Eiskammer wird seit 1870 jedes Jahr neu in den Gletscher geschlagen. Warme Kleidung mit-bringen.
Das »Postauto« fährt am Nachmittag ab Hotel Belvédère zurück nach Andermatt (Fahrtzeit rund 50 Minuten), von dort aus geht es dann per Taxi zurück ins La Claustra.

Zug von Andermatt bis Realp 15 Minuten: 4,50 EUR (5,00 CHF), www.sbb.ch
Dampfbahn Furka: Zweimal täglich von Realp nach Muttbach-Belvédère: 43,00 EUR (48,00 CHF) +41-848 000 144, www.furka-bergstrecke.ch
Eisgrotte: Juni – Mitte Oktober 8:00–18:00 Uhr, im Sommer bis 19:30 Uhr: 4,50 EUR (5,00 CHF) +41 27 973 11 29 , www.gletscher.ch/grotte.htm
Postauto von Belvédère nach Andermatt: 20,00 EUR (22,00 CHF), www.sbb.ch
Taxi von Andermatt nach La Claustra: 25,00 EUR (40,00 CHF)

Wasserwelten Göschenen

Die »Wasserwege Göschenen« führen in schöner Gebirgslandschaft zu verschiedenen Stationen rund um das Thema Wasser, entlang von Berg-bächen, durch Moore, zu Staudämmen, Schluchten, Alpseen, Höhlen, Wasserfällen

und Quellen. Die Routen kann man sich anhand einer speziellen Karte selbst zusammenstellen, der thematische Wanderführer »Rund ums Wasser« liefert weitere interessante Informationen zur prägenden Rolle des Wassers für Mensch und Natur. Die Themen umfassen Lawinen, Gletscher, Auen, Moränen, Permafrost, aber auch Staudämme und Wasser in Berghütten.

Die spannenden Erläuterungen machen auf-merksam, lassen staunen und vermitteln das ein oder andere »Aha-Erlebnis« – umso wirkungsvoller, als man das »nasse Objekt des Interesses« direkt am Wegesrand studieren kann.

Wanderkarte: 15,00 EUR (17,00 CHF)
www.wasserwelten.ch

ANANAS
AIRTH / FALKIRK / SCHOTTLAND / GROSSBRITANNIEN

Hinter einer verwitterten mannshohen Mauer in einem kleinen Wäldchen bei Airth in Schottland verbirgt sich eine fantastische bauliche Kapriole. Ein schmiedeeisernes Tor führt auf schnurgeradem Weg in eine parkähnliche Anlage mit offener, gepflegter Grünfläche. Da, inmitten symmetrisch angepflanzter Obstbäume, thront eine enorme, fruchtige Extravaganz aus Stein: »The Pineapple«, die Ananas.

Es ist faszinierend, wie plastisch sie erscheint und mit welcher Präzision jedes einzelne Detail der stacheligen Frucht nachgebildet wurde. Die beeindruckende pompöse Wucht des Gebäudes wird gemildert durch ihren ungenierten, exzentrischen Humor – ein wahrhaft monumentaler Gag. Wie nur die Aristokratie ihn sich leisten konnte.

In der Tat, diese »Ananas-Folly« entstand um 1776, als Lord Dunmore, John Murray, der vierte Earl von Dunmore, von einem mehrjährigen Aufenthalt als Kolonial-Gouverneur in Virginia, Amerika, zurückkehrte. Die Frucht der Ananas galt im Großbritannien des 18. Jahrhunderts als luxuriöse Delikatesse und war so etwas wie ein Statussymbol. Das musste der exzentrische, lebenslustige Lord haben. Er hatte bereits an den langgestreckten Gebäuden Gewächshäuser errichten lassen. In diesen wurden die exotischen Früchte erfolgreich gezüchtet – und das im kühlen Schottland! Die Gebäude unterhalb der Pineapple ließ er mit Feuerlöchern und doppelten Wänden versehen, in denen die heiße Luft zirkulieren konnte. Lord Dunmore genoss es zweifellos, seinen Gästen exotische Früchte aus der hauseigenen Zucht präsentieren zu können. Vermutlich wurden von hier aus sogar alle vierzehn Tage geerntete Ananasfrüchte versandt.

Doch in Amerika hatte es mit der Ananas noch eine andere Bewandtnis: im warmen Virginia war die Frucht weit verbreitet, und unter Seeleuten war es üblich, als Zeichen ihrer glücklichen Rückkehr von See eine Ananas auf ihr Eingangstor zu stellen. Das gefiel dem Lord so sehr, dass er den Brauch nach seiner glücklichen Rückkehr mit nach Schottland brachte – nur, dass sein »schottischer Willkommensgruß« alles bisher Dagewesene weit übertraf: Lord Dunmores Ananas ist imposante fünfzehn Meter hoch – zweifellos die größte Ananas weit und breit und eine Superlative ganz nach dem Geschmack des exzentrischen Lords.

Diese in Stein gemeißelte Laune aristokratischen Übermuts kann man heute als Ferienwohnung anmieten. Der Eingang für die Mieter liegt auf der »privaten«, nicht öffentlich

zugänglichen Rückseite des Gebäudes. Den Schlüssel finden wir am vereinbarten Ort, die Putzfrau hat ihn für uns hinterlegt. Wir sind in den langgestreckten Pavillongebäuden zu beiden Seiten der Frucht untergebracht, in den ehemaligen Wohngebäuden der Gärtner. Auf der einen Seite der Ananas befinden sich die zwei Schlafzimmer und das Bad, auf der andern die Küche und ein geräumiges Wohnzimmer.

Alles ist geschmackvoll eingerichtet in antikem Stil. Im gemütlichen Wohnzimmer liegt Holz für den offenen Kamin bereit. Historische Stiche mit Jagdszenen schmücken die Wände, die Küche ist mit allen Annehmlichkeiten ausgestattet, auch Details wie Kerzenständer in Form einer Ananas fehlen nicht. Fernseher, Radio oder Telefon? Fehlanzeige. Diese modernen, Stress verursachenden Gerätschaften gibt es hier nicht, so fällt es leicht, das moderne Leben einmal zu vergessen.

Im Zentrum der beiden Seitengebäude erhebt sich das spektakuläre Sommerhäuschen, die Ananas selbst, ein erstaunliches architektonisches Wunderwerk von pompöser Eleganz.

Das Gebäude ist rund wie die Frucht selbst, sogar die schwere Tür und die hohen, gotisch anmutenden Fenster sind gebogen. Der Baumeister ist bis heute unbekannt, seine Architektur nichtsdestotrotz erstaunlich raffiniert: Die Ansätze der spitzen Ananasblätter liegen höher als sie optisch erscheinen und sind so genial geformt, dass das Regenwasser sich nirgends sammeln, sondern ungehemmt abfließen kann. Auch das Heizsystem ist ausgeklügelt: die vier Schornsteine sind als dekorative Urnen getarnt und unauffällig in das ornamentale Erscheinungsbild integriert.

Innen ist die Ananas hell und äußerst schlicht. Damals wie heute finden sich hier einige sommerliche Sitzgelegenheiten, Rohrgestühl, Klappliegestühle und ein runder Tisch. Ein perfektes Plätzchen, um an heißen Sommertagen einen erquicklichen Nachmittagstee einzunehmen und den Blick auf den Park zu genießen.

Immer wieder kommen Spaziergänger vorbei, lesen die unten angebrachten Erläuterungstafeln des National Trust. Ich schaue aus dem Fenster und sehe ein älteres Pärchen, das sich auf die Parkbank setzt und zu uns heraufschaut. Ein Hase hoppelt über die Wiese und zwei Reiter ziehen vorbei. Nachdem sie kurz ihre Pferde gezügelt haben, um einen gebührenden Blick auf die Ananas zu werfen, verschwinden sie wieder im Wald. Auch Rehe sollen hier öfter auftauchen, ebenso Dachse und Wildschweine.

Es ist friedlich. Ich fühle mich in eine andere Zeit versetzt. Die Welt von Computer und Hightech scheint meilenweit entfernt. Ich muss an das verblichene Foto im Schlafzimmer denken: drei junge Herrschaften, in schottischen Kilts festlich herausgeputzt, blicken selbstsicher, ja triumphierend in die Kamera. Ich kann sie förmlich sehen, wie sie vor der Pineapple herumtollen, trotz ihres kindlichen Alters das Personal herumkommandieren und launisch nach ihrem Tee verlangen – der Ananas würdige freche Früchtchen eben.

Und ich sehe die erlesene Gesellschaft im Geiste anstoßen und sich und ihr eigenwilliges Bauwerk zelebrieren. Da kann ich, ein knappes Vierteljahrtausend später, nur zustimmen: Ein Hoch auf die Ananas, so stachelig und stolz!

✦ ✦

LAGE
The Pineapple – Airth, Falkirk, Schottland, Großbritannien
+44-1628-825 925
www.landmarktrust.org.uk
Abgelegen und nicht leicht zu finden, da trotz ihrer Berühmtheit nicht ausgeschildert. Auto zu empfehlen, ansonsten
Bushaltestelle 500 Meter entfernt. 11 Kilometer südöstlich von Stirling, im Dunmore Park bei Airth
Auf kleiner Landstraße A904 dem Hinweis-Schild des National Trust folgen, abbiegen in einen Schotterweg, der bald in den
Wald führt. Bis zum Ende fahren. Instruktionen erteilt auch der Landmark Trust bei der Buchung.

INFO
Seit 1973 gepachtet vom Landmark Trust, einer gemeinnützigen Organisation, die besondere historische Gebäude erhält,
indem sie sie möglichst originalgetreu restauriert und anschließend an Urlauber vermietet.
2 DZ, Vermietung nur per 3, 4 oder 7 Tage, je nach Saison 7 Tage: 590,00–1920,00 EUR (401,00–1300,00 GBP)
Weitere Info nur über das Handbuch: 23,00 EUR (15,50 GBP)

AMBIENTE
Exzentrisch-humorvoll

ERLEBEN

Camera Obscura in Edinburgh

Mitten in der Altstadt von Edinburgh, die zum Unesco Weltkulturerbe zählt, liegt in einem Türmchen die »älteste Besucherattraktion« Edinburghs: die »Camera Obscura and World of Illusions«, ein Paradies für Fans optischer Täuschungen – Lord Dunmore hätte hieran sicher seine helle Freude gehabt. Die Camera Obscura selbst erlaubt bereits seit 150 Jahren den Besuchern, mithilfe eines Periskops die Passanten unten auf den Straßen Edinburghs live auf eine große Leinwand zu projizieren. Zu den faszinierenden visuellen Spielzeugen zählen ein gigantisches Kaleidoskop, das vorgeblich weltgrößte Plasmadome, eine Holographie-Ausstellung und ein Live-Camcorder in der City, den man selbst kontrollieren und ausrichten kann. Der Turm, bestückt mit Telesko- pen, gewährt einen grandiosen Blick über die Stadt. Eine fantastische Mischung aus kuriosem Spielzeug und Wissenschaft zum Staunen.

Camera Obscura and World of Illusions, Edinburgh
45 Minuten von der Pineapple: 11,50 EUR (9,95 GBP)
+44-131-226 3709
www.camera-obscura.co.uk

Dudelsack lernen in Glasgow

Einmal dudeln wie die Schotten: Wer selber einmal probieren möchte, wie es ist, Dudelsack zu spielen, kann unter der Anleitung erfahrener Lehrer im renommierten »College of Piping« in Glasgow seine Lungenkraft erproben. Doch man darf nicht erwarten, gleich losschmettern zu können, die »Bag« unter den Arm ge- klemmt. Geübt wird zunächst bescheidener, nämlich auf einer Übungsflöte mit acht Löchern, die auch dem erfahrenen Dudelsack- spieler zum täglichen Üben dient. Anklänge des schottischen Pathos schafft auch dieser »Practice Chanter«: Hörprobe unter www.macege.de/scotlandthebrave.mp3. Keine Notenvorkenntnisse nötig. »Spielgefühl« ähnlich wie bei Oboe und Klarinette.

1 Stunde: 16,00 EUR (14,00 GBP) plus »Starterkit«,
mit Practice Chanter und Übungsbuch: 40,00 EUR
(35,00 GBP). 40 Autominuten von der Pineapple
+44-141-334-3587
www.college-of-piping.co.uk

18. Jahrhundert im Callendar House

Die Zeit Lord Dunmores wird wieder lebendig im Callendar House. Das geschichtsträchtige

Herrenhaus liegt in einem weitläufigen Park mit See. Besonders eindrucksvoll ist die kerzenbeleuchtete Küche, in der kostümiertes Personal über einer großen Feuerstelle originale Gerichte aus der Zeit Lord Dunmores köchelt. Von den zubereiteten Speisen kann man anschließend probieren.
Wer noch mehr über das Leben im 18. Jahrhundert wissen möchte, kann in der holzbetäfelten Bibliothek alte Fotos, Karten und Bücher studieren (Anmeldung erforderlich).

Callendar House, Callendar Park, Falkirk
15 Autominuten von der Pineapple
+44-1324-503773
www.falkirk.gov.uk/services/trust/heritage/venues/callendar_house/callendar_house.aspx

UNTER FREIEM HIMMEL

BAD LAASPHE / NORDRHEIN-WESTFALEN /DEUTSCHLAND

Ein Wohnhaus neben vielen anderen in einem gutbürgerlichen Wohnviertel am Rande von Bad Laasphe, im tiefen Westfalen. Nur ein Eisenbett auf der Garage signalisiert, dass es sich hier um eine Pension handelt. Ich luge um die Ecke: da steht doch ein Bett mitten im Garten?

Tatsächlich. Auf einem weiß getünchten Eisenbett wartet ein dickes, rot-weiß kariertes Federbett, obenauf ein rundes Etwas mit Rüschen: die Schlafhaube. Herren bekommen eine Zipfelmütze. Auf zwei Stühlen liegt ein weißes Leinennachthemd bereit und eine Kerze sowie ihre moderne Version, eine Taschenlampe im Milchtopf. Daneben steht ein Metallgestell mit einer Schüssel Wasser, eine Wärmflasche aus Keramik und ein emailliertes Nachttöpfchen, zum Einsatz bereit. Aha, so war das wohl anno dazumal. Aber ich? Hier und jetzt?

Da kommt auch schon die Dame des Hauses herbei und klärt mich auf: Drinnen gibt es noch ein normales WC und eine Dusche in der Waschküche. Dort kann ich auch mein Gepäck abstellen. Falls es in der Nacht anfangen sollte zu regnen – der Himmel sieht nicht gerade freundlich aus – gibt es im Haus ein »Notbett«, in dem ich dann weiterschlafen könnte. In diesem Falle sei es aber vor allem und äußerst wichtig, sofort das Bettzeug und die Matratze (!) ins Haus zu befördern. Das habe bisher noch jeder geschafft. Nach einem zweifelnden Blick ob meiner zierlichen Statur fügt sie hinzu, im alleräußersten Notfall könne ich sie ja auch herausklingeln, dann schicke sie ihren Mann herunter zum Tragenhelfen. Nun, da hoffen wir mal, dass es sich hält, das Wetter.

Und damit lässt sie mich allein im Garten, der heute Nacht mein Zimmer ist. Es ist schon ungewohnt, anzukommen und nicht als erstes die Kleider in den Schrank zu hängen … sowas gibt es hier natürlich nicht. So ganz ohne schützende Wände um mich herum fühle ich mich schon etwas zur Schau gestellt. Doch ich kann immerhin keine neugierigen Nachbarn hinter den umliegenden Fenstern erkennen. Unten im Garten steht eine Tür ins Nichts sozusagen, vielleicht so etwas wie eine Eingangstür in mein imaginäres Zimmer, nur, dass diese nicht wirklich abschließt.

Ich ziehe mich zurück in meinen »Abstell- und Umziehraum«, die Waschküche, dann husche ich über den Rasen, ab ins Bett. Die Aussicht auf die umliegenden bewaldeten Hügel ist wunderbar.

PENSION Kamerichs

MARIE-LUISE KAMERICHS, BESITZERIN

In dem heißen Sommer 2000 hatte ich einem Gast erlaubt, in dem Bett auf der Garage zu schlafen. Am nächsten Morgen schwärmte er so von der frischen Luft und dem Sternenhimmel, dass die anderen auch dort übernachten wollten. Aber nach fünf weiteren Gästen war Schluss. Es war nicht sicher genug. Im Folgejahr stellte ich dann ein Bett in den Garten.

So früh war ich schon lange nicht mehr im Bett. Es ist 21.00 Uhr. Immer noch bewölkt. Mir fällt auf, wie vielschichtig die Wolken doch sind und welch zarte Muster sie in den Himmel malen. Es dämmert. Immer wieder flitzen Fledermäuse vorbei und lassen sich in den Bäumen hinter mir nieder. Dann wird es erstaunlich still, sogar die Vögel sind verstummt. In der Ferne bellt ein Hund. Das ist alles. Und dann blitzt ab und zu doch noch ein Stern hervor. Ich atme tief durch und genieße den Luxus, an der frischen Luft einzuschlafen.

Am nächsten Morgen wache ich auf, es ist schon hell. 6.00 Uhr, ein wenig früh, Frühstück gibt es nämlich erst um 8.00 Uhr. Das Gras ist feucht vom Morgentau – fühlt sich schön an, mit den nackten Füßen! Es ist trotz der Juli-Hitze recht frisch geworden und das Bettzeug, das mir gestern noch so dick erschienen war, ist klamm. Wer wissen möchte, wann er aufwacht, sollte eine Uhr mitbringen.

Um 8.00 Uhr erscheint die Wirtin. Man kann entweder hier draußen an dem großen Holztisch oder drinnen frühstücken, mit anderen Pensionsgästen, wenn welche da sind. Nun bekomme ich auch, mit ein wenig Verspätung, Holzpantoffeln für das feuchte Gras. Aber ich habe inzwischen Geschmack daran gefunden, der Natur so nah zu sein. Ich fühle mich frisch und erholt von der Nacht im Freien.

LAGE	Pension Kamerichs – Bad Laasphe, Nordrhein-Westfalen, Deutschland
	+49-2752-6120
	www.pension-kamerichs.de
	Mitten in Bad Laasphe, 37 Kilometer nordwestlich von Marburg
INFO	49,00 EUR inkl. Sektfrühstück
	Max. 3 Betten nach Belieben platzierbar. Seit 2011 haben Marco Klein und Nadine Spies die Pension übernommen.
AMBIENTE	Gutbürgerliches Abenteuer

ERLEBEN

Grubenlightdinner im Bergwerk

Romantisch dinieren unter Tage, das kann man im Erzbergwerk von Ramsbeck. Ehemalige Bergleute fahren die Gäste in originalen Transportwagen eineinhalb Kilometer in den Berg hinein bis zur »Kippstation«, einer unterirdischen Halle, 300 Meter unter der Erde. Hier stehen noch allerhand Gerätschaften des Bergbaus, wie zum Beispiel der drei Meter lange Bohrwagen, der noch bis zur Stilllegung 1974 die Dynamitlöcher in den Schiefer fräste. Alte Öllampen, in der Bergmannsprache »Frösche« genannt, beleuchten stimmungsvoll das rustikale Mahl. Die Bergmänner servieren drei Gänge auf Schieferplatten und in echten »Henkelmännern«, das sind Aluminiumbehälter, in denen früher die Frauen ihren Ehemännern das Mittagessen in den Berg brachten. Warm anziehen, im Stollen ist es bei 12° C recht frisch!

3,5 Stunden inkl. Führung, 3-Gänge-Menü und Bergwerksmuseumsbesuch: 61,00 EUR pro Person

Für Einzelpersonen einmal im Monat
Von Bad Laasphe 1,5 Autostunden
+49-2904-97100, www.hotel-nieder.de

Auf den Spuren von Robin Hood im Sauerländer Wald

Haben Sie schon einmal davon geträumt, wie Robin Hood mit Pfeil und Bogen durch den Wald zu streifen, auf der Suche nach wilden Tieren? In Brilon im tiefen Sauerland kann man seinem Helden etwas näher kommen. In dem schönen dichten Wald lugen heimische und teils auch exotische Tiere wie ein Koyote aus dem Dickicht. Doch sie laufen nicht davon, wenn eine Gruppe von Bogenschützen sich anpirscht, sondern warten geduldig darauf, mit Pfeil und Bogen getroffen zu werden. – Es sind Plastiktiere des Schießparcours der Sauerländer Bogenschützen. In kleinen Gruppen gehen hier Anfänger wie Fortgeschrittene auf die Jagd. Drei Parcoursrouten mit jeweils einer leichteren und einer fortgeschrittenen Schuss-Variante

auf die 110 Tiere am Wegesrand werden angeboten. Anfänger entweder in Begleitung von Könnern, oder mit Guide des Vereins.

Parcoursdauer ca. 3,5 Stunden:
8,00 EUR/Person nur Parcours-Nutzung ganzer Tag
11,00 EUR/Person
Ausleihen der Ausrüstung: 7,50 EUR
Geöffnet: 7 Tage pro Woche während der hellen Tagesstunden
Von Bad Laasphe 1,5 Autostunden
Familie Siebers, +49-160-4226 448
www.bogenschuetzen.net

Wellness in Deutschlands größter Tropfsteinhöhle

In Deutschlands größter Tropfsteinhöhle, der Attahöhle, kann man nicht nur entlang gewundener Pfade ein Labyrinth von bizarren Tropfsteinformationen bewundern, sondern auch noch etwas für die Gesundheit tun: In kuscheligen Schlafsäcken auf Gesundheitsliegen

zwischen Stalagmiten und Stalaktiten atmen
die Besucher der Wellnessgrotte tief durch: bei
einer Luftfeuchtigkeit von 95 Prozent ist die
Luft hier 50 Meter unter der Erdoberfläche besonders rein und wirkt sich laut Studien positiv
auf Atemwegserkrankungen und Allergien aus.
Die Höhlentherapie (»Speläotherapie«) ist mittlerweile auch als Kuranwendung anerkannt.
Ein Kurz-Aufenthalt von 2 Stunden in der Stille
dieser farbig angeleuchteten Wunderwelt
unter der Erde ist auf jeden Fall entspannend.
Warm anziehen, in der Höhle herrscht eine
konstante Temperatur von 9° C. Übrigens: In der
Atta-Höhle reift Deutschlands einziger und sehr
aromatischer Höhlenkäse – unbedingt probieren!

2 Stunden in der Wellness-Grotte: 9,50 EUR. Schlaf-
sack mitbringen oder dort zum Selbstkostenpreis von
29,50 EUR kaufen. Kein Ausleihen möglich.
Führung 40 Minuten: 7,50 EUR
1,5 Autostunden von Bad Laasphe
+49-2722-937 50, www.atta-hoehle.de

GLASIGLUS

KAKSLAUTTANEN / LAPPLAND / FINNLAND

In Finnland ist es Tradition, dass Eltern ihren Kindern, wenn der erste Schnee fällt, einen Iglu bauen. Auch bei Familie Eiramo war das so, zum Entzücken ihres Sohnes Jussi. Der Kleine wollte aus dem Iglu gar nicht mehr raus und am liebsten auch gleich dort übernachten. Doch das erlaubten seine Eltern nicht. Eines schönen Winters zwanzig Jahre später jedoch erfüllte sich Jussi seinen Traum und errichtete eine Handvoll Schneeiglus als originelle Übernachtungsalternative für seine Hotelgäste und möglicherweise das erste Ferien-Igludorf überhaupt.

Zwanzig Glasiglus säumen heute in drei Reihen wie sauber gelandete UFOs den Wald oberhalb des Flusses. Zwei Schichten von speziellem Thermoglas sorgen dafür, dass im Winter die Fenster der Kuppel nicht zufrieren, auch nicht, wenn draußen Schneestürme wüten und – wie nicht selten – die Außentemperatur unter minus 30 Grad fällt. Dann ist es in den Iglus besonders heimelig. Das Spezialglas wird übrigens auch für Eisbrecher eingesetzt, deren Fenster keinesfalls zufrieren dürfen.

In dem einfach, aber sauber eingerichteten Iglu wird nicht nur die Glaswand, sondern auch der Fußboden beheizt. Um zwei elektronisch verstellbare Plüschbetten verläuft ein kleiner Ring mit Vorhang, der zumindest vor den neugierigsten Blicken schützt. Die Dunkelheit tut ihr Übriges. Liegt man erst einmal im Bett, wagt man es kaum, die Augen zu schließen, falls der Himmel sich verfärbt und das farbige Spektakel der Polarnacht erscheint, *Aurora Borealis*. Kaskaden von grünen, gelben und violetten »Wolkenschleiern« tanzen wie nach einer magischen Choreographie über den Himmel. Es ist ein atemberaubendes und unvergessliches Naturschauspiel.

Kakslauttanen ist einer der am besten geeigneten Orte der Erde, um die Himmelsspiele, die von drei Minuten bis zu mehreren Stunden währen können, zu beobachten. Sie treten in diesen Breitengraden zwischen September und April mindestens jede zweite Nacht auf, nur klar muss der Himmel und wach man selbst sein. Das Polarlicht ist ein Naturphänomen, das erst 1964 wissenschaftlich näher erklärt wurde und durch geladene Elektronen des Sonnenwinds entsteht, die in die Erdatmosphäre einfallen und sich in rund 150 Kilometer Höhe entladen.

Hier im hohen Norden hat jede Jahreszeit ihren ganz speziellen Reiz. Mein Favorit ist der Herbst, wenn ab Mitte September die weiten Ebenen Lapplands in kräftigen Farben aufleuchten,

JUSSI EIRAMO, BESITZER

Am Anfang hab ich oben am Fluss Gold gewaschen wie viele andere hier. Davon konnte ich dann bald meine erste Sauna mit kleinem Café und acht Hütten zur Vermietung eröffnen. Und dann habe ich endlich meine Schneeiglus gebaut. Die Gäste waren begeistert. Doch ich sah, wie sie nachts hinaus gingen, um sich das Nordlicht anzusehen, schlotternd vor Kälte. Das ging doch nicht! Ich überlegte, und schließlich kam ich drauf: – heizbare Iglus aus Glas!

❋ ❋

ein Phänomen namens »Ruska«. Auch das Nordlicht ist dann gut zu sehen. Die Luft ist wunderbar klar und herrlich frisch. Und es duftet nach Holz.

Dies ist die Zeit, in der man Beeren (mit ee) sammelt, vor allem Preiselbeeren und Moosbeeren. Danach kommen die Pilze: Rotkappen, Maronen, Milchlinge, Steinpilze. Es ist friedlich hier und still. Eichhörnchen spielen vor der Igluhaustür, auch Füchse gibt es, sogar Adler und ein paar scheue Bären (mit ä) und – nicht zu vergessen – sehr viele Rentiere, in diesem Gebiet schätzungsweise acht Mal mehr als Einwohner. Schließlich bedeutet das alte Wort Kakslauttanen »Rentierfleischlager«. Vor dem ersten Schnee im Oktober treibt das nomadische Volk der Saami die frei umherstreifenden Herden mit ihren Kälbern zusammen.

Unterhalb der Iglus liegt ein Fluss, der in einen kleinen See mündet und in dem man alle drei Jahre Lachse angeln kann (bei Interesse Jussi fragen). Das Wasser ist so rein, dass man es trinken kann. In der Tat ist auch das Leitungswasser den nahegelegenen Flüssen entnommen, in denen viele Quellen liegen.

Nach der Nacht im Glasiglu kann man eine traditionelle finnische Rauch-Sauna besuchen. Diese ursprünglichste aller Saunaformen wird im Gegensatz zu den modernen elektrischen noch aufwändig mit Holzscheiten erhitzt. Laut Jussi ist die in Kakslauttanen die größte der Welt.

Das Areal des Hotels ist weitläufig. Zum Frühstücken und Abendessen (auch Rentiersteak ist im Angebot!) geht man hinüber in das gemütliche Hotelrestaurant. Das Gelände ist gespickt mit interessanten, zum Teil recht humorvollen Skulpturen. Jedes Jahr beauftragt Jussi einen europäischen Künstler, eine Skulptur zu schaffen, die sich speziell mit dem Standort Kakslauttanen auseinandersetzt und womöglich künstlerisch die besondere Stimmung dieses Ortes zum Ausdruck bringt.

Nun, ich weiß, was das für mich wäre: die unmittelbare Nähe zur wilden Natur Lapplands und zu ihren Phänomenen. – Besonders deutlich spürt man sie, wenn man sich statt hinter eine dicke Mauer lediglich hinter die transparente »Glashaut« der Iglus schlafen legt.

SCHLOSS

TOBERMORY / ISLE OF MULL / SCHOTTLAND / GROSSBRITANNIEN

»Es war einmal ein Schlossherr, der bewohnte mit seiner Familie ein wunderschönes Schloss auf einer wilden Insel. Jeden Tag sah man die Schlossherrin den lavendelfarbenen Kinderwagen hinab in das kleine Fischerdorf unterhalb des Schlosses schieben, damit ihre Kinder mit denen des Dorfes im Hafensand spielen konnten.

So wuchsen die Kinder heran und verließen eines nach dem andern das Schloss, um in die Fremde zu ziehen. Als die Reihe an den Jüngsten kam, zog auch er in die große Stadt, um eine Frau zu finden. Doch so sehr er auch suchte, er musste immerzu an das kleine freche Mädchen aus dem Fischerdorf denken, das so oft neben ihm im Kinderwagen gefahren war und mit dem er so oft im Hafensand gespielt hatte.

Als er es schließlich gar nicht mehr aushielt, kehrte er zurück auf die wilde Insel, fand das freche Mädchen noch im Dorf und nahm sie sogleich zur Frau. Dann zogen sie gemeinsam aufs Schloss.

Und heute? Heute sieht man die Schlossherrin jeden Tag den lavendelfarbenen Kinderwagen hinab schieben ins Fischerdorf, damit ihre Kinder mit denen des Dorfes im Hafensand spielen können.«

So könnte das Märchen von Glengorm lauten. Nur, dass dieses wahr ist und tatsächlich die Geschichte der heutigen Schlossbesitzer.

Eine gewundene Straße führt von dem kleinen Fischerort Tobermory hinauf nach Glengorm in den äußersten Nordzipfel von Mull, dieser wunderschön wilden Insel der Inneren Hebriden im Westen Schottlands. Hinter üppigen Rhododendronhecken erhebt sich majestätisch das Schloss. Ein Märchenschloss mit vielen Türmchen und Zinnen wie aus dem Bilderbuch, umgeben von einem gepflegten englischen Rasen. Dahinter ist das Meer zu sehen, in der Ferne die Nachbarinseln.

Auf mein Läuten der schweren Eisenglocke erscheint der Schlossherr persönlich, Tom Nelson. Unerwartet jung ist er, höchstens Ende dreißig. Seine saloppe Kleidung, kariertes Flanellhemd und Cordhose, entspricht nicht gerade dem Klischee eines Schlossherrn. Doch seine formvollendete Höflichkeit verrät seine vornehme Erziehung. Dabei wirkt er angenehm unprätentiös, »down to earth« nennen es die Briten. Es mag daran liegen, dass Tom wirklich jeden Tag selbst auf das Feld geht und bei der Arbeit mit den über tausend Schafen und Rindern der schlosseigenen Farm mit Hand anlegt. – Welcher Schlossherr tut das heutzutage schon noch?

TOM NELSON, SCHLOSSHERR

Ich bin hier geboren. Glengorm ist mein Zuhause. Bei uns stehen keine Butler bereit, die ständig fragen, ob alles in Ordnung ist. Unsere Gäste können sich in unserem Hause frei bewegen wie im eigenen Heim. Sie zünden sich selbst das Feuer an und bedienen sich auch selbst mit Whisky. Dies ist kein Boutique-Schloss-Hotel im üblichen Sinne, sondern auch das Wohnhaus unserer Familie.

Er entschuldigt sich für die herumliegenden Gummistiefel (Wellis) und Plastiktraktoren seiner Kinder und führt mich durchs Schloss. Sofort fallen die antiken asiatischen Teppiche und die überdimensionalen Ölgemälde ins Auge, die überall die Wände zieren, im realistischen bis abstrakt-modernen Stil. Fast wirkt das Schloss wie eine Gemäldegalerie. Seine Mutter malt selbst, erzählt Tom, einige der Bilder stammen aus ihrer Hand.

Doch nicht nur dem Auge wird hier einiges geboten. Ein betörender Duft von Lilien durchströmt das ganze Schloss. In großen Vasen prangen verschwenderische elegante Sträuße.

Tom zeigt mir die Räume: die Eingangshalle mit gemütlicher Sitzecke vor dem offenen Kamin. Das Gemälde darüber in dunklen Rottönen zeigt seine junge Frau, Pelzmütze und Muff verleihen der Szene ein gewisses Flair von »Doktor Schiwago«. Der obligatorische Schlosshund liegt davor wie dahin drapiert und wedelt mir freundlich träge mit dem Schwanz entgegen.

In der Bibliothek sitzt ein Pärchen aus Oregon bei einem Glas Whisky am knisternden Kamin. Die antiken Bücherschränke sind prall mit Lesestoff gefüllt. Eine ordentliche Sammlung an Whiskyflaschen auf einem Silbertablett bietet den Gästen die Gelegenheit, einmal alle Sorten schottischen Whiskys durchzuprobieren und die eigene Lieblingssorte herauszufinden – eine allseits beliebte Freizeitbeschäftigung bei besonders »schottischem« Wetter.

Die Schlafzimmer bergen Schätze an liebevollen Details und Antiquitäten, zum Teil aus altem Familienbesitz. Minimalismus hat hier verspieltem englischen Stil Platz gemacht, schweren Stühlen, antiken Sekretären, silbernen Schalen und Spiegeln, Himmelbetten. Meine Tapete erzählt ganze Geschichten vom tragischen Werben viktorianischer Jünglinge um liebreizende Mädchen.

Das großzügige Esszimmer mit langer Holztafel aus dem 16. Jahrhundert blitzt und blinkt von Silbergeschirr. Doch noch verlockender ist der Blick aus den hohen Panoramafenstern: Welch ein Tagesbeginn, bei solcher Aussicht zu frühstücken! Die Schlosszinnen umrahmen die Sicht auf grüne Felder, weiß gesprenkelt von grasenden Schafen, dahinter liegt das tiefblaue Meer. Auch das Frühstück lässt keine Wünsche offen. Im Schloss wie auch im angegliederten Café werden vor allem Produkte der Schloss-Farm verwendet. Im morgendlichen Obstsalat etwa sind dies köstliche frische Früchte, handgepflückt in der unmittelbaren Umgebung des Schlosses.

Das spürbare Interesse an alternativen Werten und organischer Landwirtschaft im Management kommt nicht von ungefähr, bedenkt man die ehemalige Nutzung Glengorms für spirituelle Workshops durch Toms Mutter.

Schließlich befindet sich auch gleich hinter dem Schloss eine Art »Stonehenge in Kleinformat«. Es handelt sich um jene seltsamen Steinformationen, die keltische Druiden für ihre bis heute ungeklärten Rituale nutzten. Heute grasen hier friedlich die zotteligen Hochlandrinder der Schlossfarm. Das Schloss hat viele Gesichter. Bei Sonnenschein blickt es freundlich, imposant und einladend, besonders wenn im Frühling die farbenprächtigen Rhododendren blühen oder im August das Heidekraut. Doch die stärkste Wirkung erhält das Schloss fraglos bei schottischem Nebel und Regen, die seine dann ungemein mystische Ausstrahlung unterstreichen.

Zur wunderbar wilden Küstenlandschaft ist es vom Schloss nicht weit. Auf dem rund 5 000 Hektar großen Areal führt ein Spazierweg hinab zum Meer, vorbei an knorrigen, windgebeugten Bäumen und moosbedeckten Felsbrocken bis hinunter zu den zahlreichen Buchten und Klippen, zu den schreienden Möwen und der Gischt. In der Gegend werden zudem regelmäßig Seeadler, Delfine und selbst Minkewale gesichtet. Diese ausgesprochene Nähe zur Natur und zu seltenen Tieren lässt das Herz eines jeden Naturfreundes höher schlagen.

Vielleicht ist es die Naturnähe, diese »alternative« Note, kombiniert mit der Bodenständigkeit seiner Besitzer, die dem Schloss den angenehm familiären Touch geben und die entspannte Atmosphäre schaffen. Keine Frage, selbstverständlich kann man hier auch mal so richtig in Luxus und Eleganz schwelgen und sich ein bisschen fühlen wie die Queen – glücklicherweise ohne deren lästige Repräsentationspflichten. Doch ist Glengorm kein Schloss, das seine Gäste vor lauter Prunk in Ehrfurcht erstarren lässt, keines, das für anspruchsvolle Touristen künstlich konzipiert wurde und mit seinem Erbauungsjahr 1863 sicher auch kein »uraltes« mit Modergeruch. – Glengorm ist ein Märchenschloss zum Anfassen.

ZIRKUSWAGEN

LA SERVE / OUROUX / RHONE-ALPES / FRANKREICH

Es ist ein klassischer Kindheitstraum, einmal mit dem Zirkus durchs Land zu ziehen, das abenteuerliche, freie Leben eines Schaustellers oder Artisten zu führen, nur den Zirkuswagen als Zuhause. – Wer sich diesen Traum womöglich nicht erfüllt hat, kann dies zumindest für einige Tage nachholen, und zwar in den Wohnwagen von La Serve. In wunderschöner Idylle in den sanften Hügeln des Beaujolais stehen drei solcher »Roulottes« auf saftig grünen Wiesen voller Apfelbäumen, deren Früchte im Herbst das Gras tiefrot sprenkeln.

Diese Roulottes haben ihre Zeit auf der Straße hinter sich. Ihre Räder stehen still, hier im friedlichen La Serve bieten sie Gästen nun stationär Unterkunft für die Nacht. Auch Pascal und Pascaline Patins Leben ist zur Ruhe gekommen, die Zeit der abenteuerlichen Reisen des attraktiven Paares ist vorbei. Heute widmen sie sich hauptberuflich ihren Roulottes – der »stationären Reise«, wie Pascal es formuliert. Er restauriert und fertigt auch neue Exemplare der nostalgischen Vehikel, und wer will, kann ihm in seiner Werkstatt unterhalb des Frühstücksraums bei der Arbeit zusehen.

Liebevoll und bis ins kleinste Detail haben Pascaline und Pascal die originalen Wagen renoviert und ausgestattet: die eingebauten Schränke im Jugendstil mit geschwungenen Flügeltüren hat Pascal sorgsam restauriert, ein alter, allerdings nicht mehr funktionstüchtiger Ofenherd glänzt in der Ecke; schwere Brokatstoffe, Velours und Samt schimmern in dunklen Rot- und Violett-Tönen, Spitzenvorhänge, Goldengel und vergilbte Fotos der ursprünglichen Wagenbewohner sorgen für nostalgisches Flair. Nichts wirkt billig, so manches schmückende Utensil stammt gar von den persönlichen Reisen aus den Jugendjahren der beiden – vornehmlich nach Asien, was besonders der »Roulotte des Etoiles« eine orientalische Note verleiht. An einem Gartentisch mit Stühlen vor jedem Wagen kann man gemütlich sitzen, zwei Liegestühle laden zum Sonnen ein.

Jede der Roulottes hat ihre eigene, spezielle Atmosphäre: die »Roulotte des Amoureux«, erbaut 1920, wirkt zierlich, verspielt und kuschelig mit ihrer Doppel-Schlafkoje und den Miniatursesseln, eine zweite Koje ist zweifellos gut geeignet für den Nachwuchs; die »Roulotte de Manège«, etwas jünger aus dem Jahr 1950, wirkt geräumig-rustikal mit einem separaten Schlafzimmer und dem schweren originalen (Schmuck-)Ofenherd – hier hängen noch

PASCAL UND PASCALINE PATIN, BETREIBER

Wir haben immer davon geträumt, in einer Roulotte zu wohnen. Man kann nach einer Weile bequem seinen Standort verändern, wenn es einem nicht mehr gefällt. Für uns Franzosen sind die Roulottes immer noch ein Symbol der Nostalgie und der Freiheit. Aber wir fanden bald dieses Haus, bauten es aus, und irgendwie hat es dann mit dem Wohnen in einer Roulotte nicht mehr geklappt. Nun können sozusagen wenigstens unsere Gäste unseren Traum für eine Zeit lang leben.

✦ ✦

die alten Fotos der früheren Schausteller-Besitzer an den Wänden; die »Roulotte des Étoiles« aus dem Jahr 1900, der älteste und größte der Wagen, gehörte früher zum französischen Zirkus »Bouglione«. Er ist wunderbar opulent ausgestattet mit orientalischen Möbeln, viel Glitzer und Gold, verzierten Türen und stimmungsvollen Sternenlämpchen an der Wand – es duftet sogar schwach nach Orient.

Ein wenig ist der Aufenthalt hier wie Camping, man trifft und wäscht sich im Gemeinschaftsraum des Haupthauses. Am Morgen schlurft man durchs taufrische Gras hinüber zum Frühstücken – das ist übrigens köstlich mit selbstgemachter Marmelade und selbst gebackenem Brot (daher zieht auch manchmal ein verführerischer Duft über das Gelände). Harmonische Ruhe liegt über diesem freundlichen Stückchen Erde, auf der Wiese grasen Pferde, nebenan weiden Schafe, selbst die zahlreichen Katzen und Hunde spielen miteinander. Auch das rustikale Landhaus aus Stein, das die Gemeinschaftsräume birgt, verbindet harmonisch verschiedene Gegensätze und Stile miteinander: üppige nordeuropäische Blumenpracht vor einer reich mit Schnitzereien verzierten Holzveranda aus Indien, dahinter flattern tibetische Gebetsfahnen. Eine perfekte Symbiose von asiatischer Spiritualität und französischem Laisser-faire.

Kein Wunder, dass man hier ins Träumen kommt, von Unterwegssein und einer Reise in ferne Länder. Mental beginnt man sie schon hier, eine »stationäre Reise« in den Roulottes von La Serve.

✦ ✦

LAGE	La Serve, »Les Roulottes« – Ouroux, Rhône-Alpes, Frankreich
	+33-4 74 04 76 40
	www.lesroulottes.com
	Tipp: Für die Lokalisierung am besten die Postleitzahl (69860) nutzen, nahebei gibt es noch zwei weitere Orte namens Ouroux
	Wunderschön mitten in der Natur, jenseits der sanft geschwungenen Weinberge des Beaujolais
INFO	Roulotte des Amoureux, Roulotte de Manège, Roulotte des Étoiles: je 60,00 EUR
	Preis jeweils für 2 Personen inkl. Frühstück. Handtücher und Gummistiefel selbst mitbringen
AMBIENTE	Nostalgisch, harmonischer Mix verschiedener Stile und Lebensweisen

ERLEBEN

Spiritueller Jakobsweg

Ouroux liegt auf dem Jakobsweg. Pilger aus dem Norden sammeln sich in Cluny seit dem 11. Jahrhundert und wandern auf ihrer spirituellen Reise nach Santiago de Compostella nah vorbei an den Roulottes von La Serve. Da man bis zum rund 35 Kilometer entfernten Cluny von hier aus zwei Tage benötigt, sei als Tagestour eine Etappe von Sainte-Cécile nach Cluny und zurück empfohlen. Der Weg führt auf einer ruhigen Nebenstrecke via Jalogny (rund 11 Kilometer) idyllisch durch Felder, Wälder und über sanfte Hügel.

Cluny übte im Mittelalter mit seiner berühmten und mächtigen Benediktiner-Abtei Einfluss auf ganz Europa aus. Noch heute ist der Ort dominiert von der Historie der einst gewaltigen Klosteranlage, die Touristen strömen zur Besichtigung in die übrig gebliebenen romanischen Gemäuer.

Wem dies noch nicht genug Spiritualität ist, der kann auf dem Fahrrad- und Wanderweg ·

»Voie Verte« noch rund zehn Kilometer weiter zur religionsübergreifenden Gemeinschaft von Taizé wandern.

Zurück nach Sainte-Cécile geht es von Cluny aus auf dem größeren Jakobsweg, der auf dieser Strecke gleichzeitig auch der Fernwanderweg GR76 ist.

Sainte-Cécile rund 30 Autominuten von La Serve

Kochkurs – Spezialitäten aus Burgund

In einem efeubewachsenen Anwesen unweit der »Hauptstadt des Burgunderweins« Beaune führt die genussfreudige Fabienne Guillemin in die Geheimnisse der Burgunder Küche ein.

In ihrer gemütlichen Landhaus-Küche kocht sie vor den Augen der wiss- und essbegierigen Teilnehmer typische Gerichte der Region, die – wie kann es anders sein – viel mit Wein gekocht werden. Drei Gänge gehören zum Menü, zum Beispiel »Boeuf Bourguignon« (Burgunderbraten), »Coq au Vin« (Huhn in Rotwein), als

Vorspeise gibt es zum Beispiel »Escargots« (Schnecken) und zum Dessert »Tartes aux Fruits« (Obsttörtchen). Wer will, kann auch selbst mitmischen – hier verderben mal viele Köche nicht den Brei.

Empfehlenswert ist die Zubereitung des Abendessens bereits am Vormittag um 10:00 Uhr, denn burgundische Gerichte werden durch nochmaliges Aufwärmen noch schmackhafter. Und so hat man nach dem Kochen Zeit für einen Bummel durch das pittoreske Beaune mit seinen stilvollen Boutiquen und dem berühmten, prächtig verzierten Armenhaus, bevor man am Abend zurück in Bligny das eigene echte Burgunder Menü genießen kann.

3 Gänge, 1,5 Stunden Zubereitungszeit:
50,00 EUR pro Person
Le Clos des Saunières, Bligny-les-Beaune,
7 km von Beaune, rund 1,5 Stunden von La Serve
+33-3-80 22 38 89
www.bed-and-breakfast-beaune.com

Die Geheimgänge der Seidenweber von Lyon

1540 erteilte der König von Frankreich den Lyoner Seidenwebern das Monopol zur Herstellung von Seiden- und Brokatstoffen in Frankreich. Noch zur Zeit des berühmten Lyoner Seidenwebers Joseph-Marie Jacquard, der mit seiner Erfindung der Lochkarten-Webstühle Anfang des 19. Jahrhunderts die Arbeit wesentlich erleichterte, gab es in Lyon 120 000 Webstühle.

Heute bemerkt man erst auf den zweiten Blick im Seidenweber-Viertel Croix Rousse die Werkstätten, Gebäude, Treppen und Gänge, die vom harten Leben der Seidenweber zeugen. Im »Maison des Canuts« (Haus der Seidenweber) wird die unglaublich komplizierte und aufwändige Technik am Webstuhl vorgeführt. Die Arbeit erforderte ein hohes Maß an Konzentration, denn der Weber sah stets nur die Rückseite des Musters. Für ein ca. 80 Zentimeter breites Stück Seide wurden rund 7000

feinste Seidenfäden verarbeitet. Bei 15 verschiedenen Farben etwa führten 35 »Schützen« die aufgespulten, leicht reißenden Fäden durch das Labyrinth der Spannfäden. Jeder Fadenriss minderte den Wert der Stoffe erheblich.

Damit die Seidenweber ihre Ware rasch und vor allem trocken zu den Händlern bringen konnten, entstanden Verbindungsgänge, die »Traboules«, ein ganzes Netzwerk von überdachten Wegen, Treppen und versteckten Gängen. Im 2. Weltkrieg leisteten die Traboules auch den Kämpfern der Résistance gute Dienste.

1,5 Stunden Führung im Anschluss an die Vorführung, auch die Erkundung auf eigene Faust ist möglich, Info-Schilder zeigen den Weg. Bei der »Office de Tourisme« ist die Karte der Traboules frei erhältlich.

Maison des Canuts, Vorführung 45 Minuten: 6,00 EUR, kombinierbar mit einer Führung durch die Traboules 1,5 Stunden: 10,00 EUR

Nur auf Französisch, rund 1 Autostunde von La Serve
+33-4-78 28 62 04
www.maisondescanuts.com

BEWOHNBARES KUNSTWERK

BERLIN / DEUTSCHLAND

Unweit des Ku'damms und der Berliner Schaubühne liegt in einer Seitenstraße das exzentrischste Hotel, das Berlin zu bieten hat, das »bewohnbare Kunstwerk« Propeller Island City Lodge.

In der Tat hat der Erbauer und Besitzer Lars Stroschen, sportlicher Künstler-Typ Ende vierzig, jedes der 27 Zimmer derart radikal anders gestaltet, dass man hier gut und gerne vom passiven Betrachter eines Kunstwerks zum aktiven Entdecker wird.

Und es gibt viel zu entdecken in dem labyrinthartigen Hotel, das sich über ganze drei Etagen erstreckt. Knatschbunte Korridore führen zu den Zimmern. Immer wieder fallen humorvolle Details ins Auge, die Waschbecken aus Biertonnen etwa, oder der Zerrspiegel im Flur, oder die schlanke, schwere Metall-Lampe, die früher einmal eine Bahnschwelle war.

Die Räume selbst spielen mit der Wahrnehmung des Betrachters: in dem Zimmer »Galerie« zeigt ein drehbares rundes Bett mit montierten Metallrahmen allen, die einen neuen Blickwinkel benötigen, immer wieder neue »Aus-Sichten«; im kunterbunten Raum »Burg« versteckt sich der Schreibtisch in einem Haus, in dessen Kamin man sich setzen kann – er entpuppt sich als Stuhl; in »Therapie« kann man farbige Leuchtstoffröhren einzeln anschalten und je nach eigener Stimmung die gewünschte Farbe zusammenmixen; im Raum »Gruft« krauche ich auf allen vieren durch niedrige Gänge und sehe mich unerwartet mit einem Schädel konfrontiert, der mir aus einem Schaukasten entgegen grinst, als wüsste er, dass oben schon mein Bett wartet – im Sarg. Den kann man für besonders ungestörte Nachtruhe sogar schließen, aber keine Angst, Lars hat durchaus noch daran gedacht, Luftlöcher (in Form von Kreuzen) einzubauen.

Beliebt bei Gästen mit Einschlafschwierigkeiten ist das Zimmer »Symbol«, das über und über mit insgesamt 282 schwarz-weißen grafischen Symbolen bedeckt ist. Wer will, kann es nachprüfen, es soll beruhigend wirken: Symbole statt Schäfchen zählen.

Weiche, federnde Böden, dick gepolsterte Gummi-Wände, von der Decke hängende Möbel, fliegende Betten und einen komplett verspiegelten Raum für Narzissten – Lars Stroschen hat einfach für jeden Geschmack und jede Lebenslage etwas parat.

Seine Spezial-Zimmer hat Lars nicht nur für das Auge, sondern vor allem auch für das Ohr konzipiert. In der Tat war ihm dies ein ganz besonderes Anliegen, denn schließlich begann er

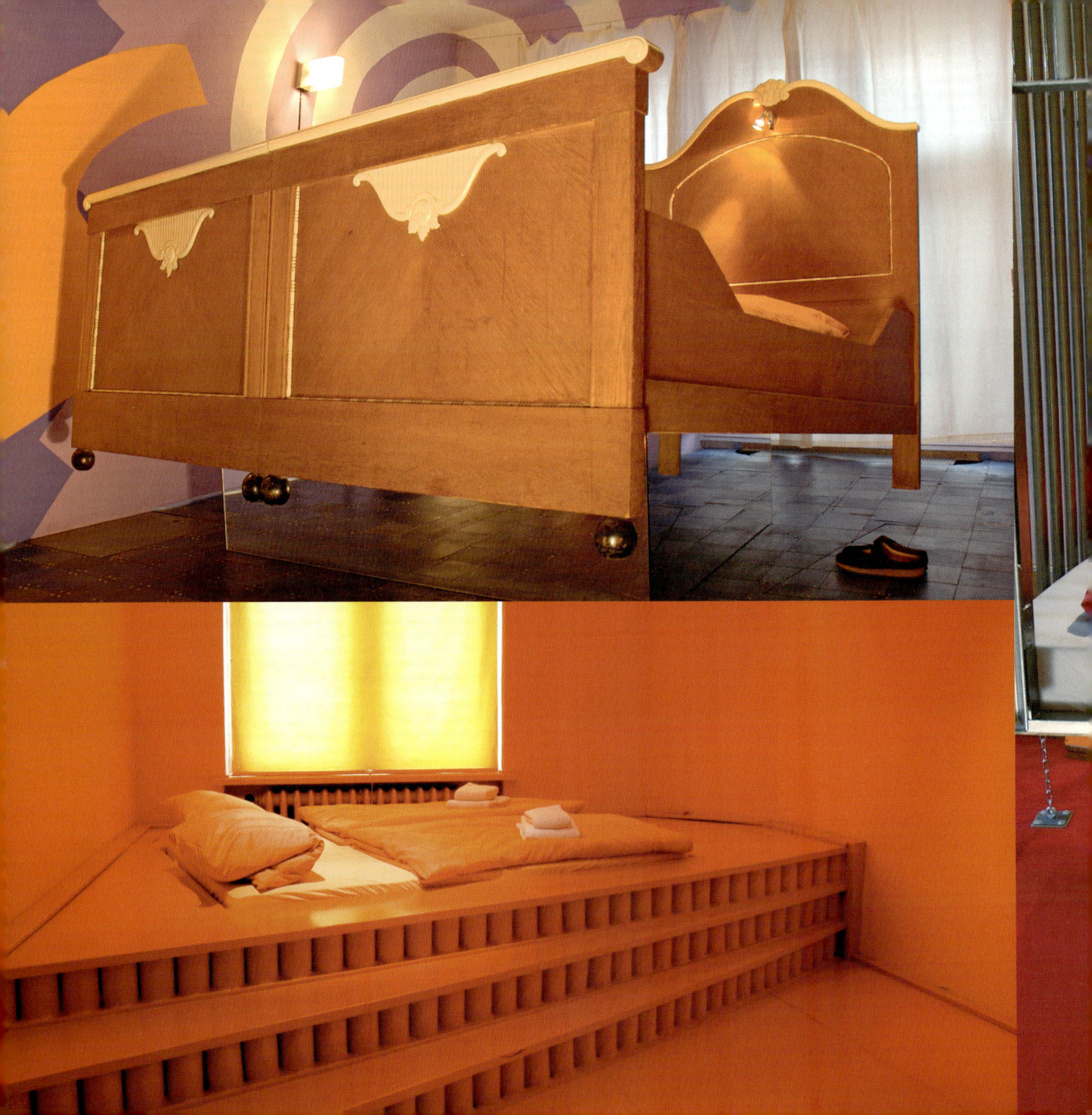

LARS STROSCHEN, BETREIBER

Ich möchte mit meinen Räumen die Leute von vorgefertigten Wahrnehmungsmustern und Erwartungen befreien – ihnen Freiheit im Kopf geben. Über das Ohr kann man die Fantasie noch viel stärker anregen als über das Visuelle. Deswegen habe ich alle Zimmer mit Klanginstallationen ausgestattet. Jedes einzelne Geräusch habe ich mit dem Mikrofon in der Hand selbst aufgenommen. Dafür bin ich vom Mittelmeer bis nach Malaysia gereist.

mit dem Vermieten ursprünglich, um seine Klangexperimente zu finanzieren. So ist nun jedes der Zimmer mit einer Klangskulptur ausgestattet. Ein Knopfdruck an dem kleinen Kästchen an der Wand, und schon erschallt eine von sechs Geräuschkulissen, von »Meeresrauschen« über »Dschungel« bis hin zu den eigens kreierten experimentellen Klangkompositionen. Wählbar ganz nach Stimmung.

Ich kann sie schon verstehen, die echten Propeller-Island-Fans, die tatsächlich so lange wiederkommen, bis sie alle Zimmer einmal ausprobiert haben.

✦ ✦

LAGE	Propeller Island City Lodge – Berlin, Deutschland +49-30-891 90 16 www.propeller-island.de Zentral, in einer Seitenstraße des Kurfürstendamm
INFO	27 DZ, 2 Apartments, z.T. mit Fernseher und Bad, 69,00 – 190,00 EUR für eine Person, zweite Person 15,00 EUR, Frühstück 7,00 EUR
AMBIENTE	Informell, robust-praktisch, nicht zu piekfein

ERLEBEN

Reichstagsgebäude

Rundgang durch die spektakuläre Glaskuppel mit Besuch der Dachterrasse. Fantastische Aussicht auf die Parlaments- und Regierungsviertel der Stadt. Früh am Morgen kommen, da sonst mit langen Wartezeiten zu rechnen ist. Kostenlos. Täglich 08:00–24:00 Uhr, letzter Einlass 22.00 Uhr.

Ein wenig mehr zu Geschichte und Aufgaben des deutschen Parlaments sowie zur Architektur des Reichstagsgebäudes erfährt man bei einer 90-minütigen ebenfalls kostenlosen Führung. Täglich 10:30, 13:30, 15:30, 18:30 Uhr. Hierzu ist eine schriftliche Anmeldung erforderlich. Kurzentschlossene können am linken Eingang für »angemeldete Besucher«, Westportal (West A), nach freien Plätzen fragen.

+49-30-2273 2152 oder +49-30-2273 5908
www.bundestag.de

Berlin on Bike

Sightseeing einmal anders. In der erstaunlich fahrradfreundlichen und grünen Hauptstadt radeln Gruppen von bis zu 15 Teilnehmern über ruhige Nebenstraßen und Fahrradwege zu den Highlights der pulsierenden Metropole. Die Bike-Guides erzählen unterhaltsam die Geschichten, die sich hinter den prunkvollen oder bröckligen Fassaden verbergen. Die extravagante Auswahl an Touren bietet Stationen für jeden Geschmack, zum Beispiel die »Mauer-Tour« mit Besuch von Grenzübergängen, Mauerresten, Geisterbahnhöfen, eines Grenzwachturms inklusive Geschichten von geglückten und tödlichen Fluchten. Beliebt ist auch die Tour »Osten ungeschminkt« mit Plattenbauten, Planerfüllung, Industriebrachen, Heldenverehrung, Stasi-Knast und Stasi-Zentrale – eine Expedition in den »echten Osten«. Weitere spannende Touren sind etwa die »Nightseeing-Tour«, vorbei an illuminierten Gebäuden in der »Stadt, die nicht schläft«; oder die »Fun-Tour« mit Besuch von Berlins Strandbars und einer Kletterwand am Kriegsbunker.

Im Sommer alle Touren täglich, jeweils 4 Stunden: 18,00 EUR, nur »Osten ungeschminkt«: 6 Stunden,
23,00 EUR inklusive Leihrad
+49-30-43 73 9999
www.berlinonbike.de

Badeschiff auf der Spree

Schwimmen in einem umfunktionierten ehemaligen Schiff mitten auf der Spree. Aufgeschütteter Sandstrand, coole Bar, Hängematten. Spektakulärer freier Blick auf den Osthafen und den Alex. Im Winter verwandelt sich die schwimmende Lounge- und Poollandschaft in ein raupenähnliches »Bade-UFO« mit finnischer Sauna. Besonders schön nachts, wenn das Badeschiff wie ein Glühwürmchen leuchtet und man Berlins Lichter beim Schwimmen bewundern kann. Regelmäßige Veranstaltungen wie Yoga, DJs, Open-Air-Kino.

Eintritt 4,00 EUR
+49-157 876 259 19
www.badeschiff.de

KÖHLERHÜTTE

KOLARBYN / VÄSTMANLAND / SCHWEDEN

Wer nach Kolarbyn kommt, könnte meinen, sich im Land der Trolle zu befinden. Wald, so weit das Auge reicht, durchsetzt mit runden Felsbrocken, hinten schimmert ein See, und mittendrin erheben sich mehrere wild überwachsene Erdhütten.

Was aussieht wie ein aufgehäufter Erdhügel, entpuppt sich bei näherem Hinsehen als Hütte mit Eingangstür, sogar ein Schornstein ragt heraus. Ein Metalleimer steht neben dem Hüttchen, daneben ein schwarzer, halb überwucherter Haufen, der an Kohlereste erinnert. Und genau das ist er auch. Kolarbyn ist eine Siedlung von insgesamt zwölf originalen Köhlerhütten, die in dem schönen und lichten Nadelwald in einem Meer von Blaubeeren verteilt sind. Solche Hütten waren hier etwa seit dem Beginn des 17. Jahrhunderts und noch bis vor rund 50 Jahren in Gebrauch.

Als durch die fortschreitende Industrialisierung ihr Handwerk mehr und mehr ausstarb, erbauten die Köhler 1996 die Hütten zur Wahrung ihrer Tradition. Doch sie verfielen zusehends, niemand kümmerte sich so recht um ihren Erhalt. Da erschien 2003 ein junger Mann, der für seine Elch-Safaris Übernachtungsmöglichkeiten suchte. Er sah sie, verliebte sich in den idyllischen, abgelegenen Ort und beschloss eine Jugendherberge zu eröffnen, trotz oder vielleicht gerade wegen der radikalen Naturnähe.

Es gibt keinen Strom in Kolarbyn. Schon das an sich ist ein Abenteuer für den komfortverwöhnten modernen Menschen. In den stockdunklen, fensterlosen Hütten sind die einzigen Lichtquellen ein paar Kerzen und eine nostalgisch anmutende, hier aber auch äußerst nützliche Gaslampe. Einen Herd gibt es natürlich auch nicht. Zum Kochen des Abendessens oder auch morgens zum Kaffeemachen trifft man sich am Feuerplatz – sozialer Austausch garantiert! Die Männer hacken Holz zum Nachlegen, denn davon gibt es hier ja in Hülle und Fülle. Es riecht nach frischem Nadelholz und Feuer. Viele der Gäste sind unterwegs auf einer Fahrradtour. Doch vor allem für Familien mit Kindern ist dies ein wahres Paradies. Die Kleinen können sich austoben, hinunter zum See laufen, schwimmen oder Blaubeeren sammeln.

Was wir normalerweise als selbstverständlich vorraussetzen, suchen wir hier vergeblich: Fließend Wasser etwa gibt es nicht. Große Wasserkanister stehen bereit für einen Vorrat an Trinkwasser. Wenn Kinder kommen, holen alle gemeinsam frisches Wasser von der nahegelegenen

MARCUS JONSON, HERBERGSVATER

Als das Komitee des Jugendherbergsverbands kam, sagten die Herren in ihren Anzügen: »Ja, sehr nett, aber wo ist das Hostel?« Es war lustig. Viele Kriterien einer Jugendherberge trafen auf Kolarbyn gar nicht zu, zum Beispiel »Verdunkelungen vor den Fenstern«. Nun, bei mir gibt es gar keine Fenster.

✦ ✦

Quelle und Marcus erzählt von den Wunderkräften des ersten Schlucks, der einen Wunsch erfüllt, aber nur den Kindern, die es schaffen, mucksmäuschenstill und ohne zu reden bis zur Quelle zu marschieren. Zumindest Mühe geben sich alle …

Kein fließend Wasser? Das bedeutet auch Plumpsklos, aber selbst denen hat Marcus einen nostalgischen Touch verliehen – mit Kerzenlicht, Wasserschüssel und Emaille-Kanne. Hier im Wald geht alles rein ökologisch zu, der Müll wird entweder im Feuer verbrannt oder getrennt entsorgt.

Einmal im Jahr findet das große Köhlern statt. Aus dem Umfeld kommt Groß und Klein, um das Köhlern zu lernen, und unter der fachmännischen Anleitung der Köhler aus dem Nachbarort wird genau wie früher gemeinsam ein richtiger Holzmeiler erbaut. Alle fassen mit an, wenn Stämme und Scheite auf eine Höhe von eineinhalb Meter aufgeschichtet und mit Zweigen abgedichtet werden. Dann wird der Haufen angezündet, der Umwandlungsprozess des Holzes in Kohle hat begonnen. Alle zwei Stunden muss jemand nach dem schwelenden Meiler sehen, auch des Nachts (!). Die gesamte Prozedur dauert etwa zehn Tage. Anschließend wird die fertige Kohle unter den Helfern und Beteiligten verteilt, der Rest wird für den Erhalt des Köhlerdorfes Kolarbyn verkauft.

Doch rüste sich, wer nach Kolarbyn kommt: besonders nachts ist für so manchen eine Taschenlampe eine zwar wenig stilvolle, doch willkommene moderne Erleichterung. Und vor allem Leute mit Rückenproblemen sollten beachten, dass man quasi direkt auf Holzbrettern schläft, gepolstert sind die Pritschen nur mit einer dünnen Campingmatte und einem Schaffell.

Kolarbyn ist ein Hostel für hartgesottene Naturfreaks – und die wohl verrückteste Jugendherberge der Welt.

✦ ✦

LAGE	Köhlerhütte »Kolarbyn« – Kolarbyn, Västmanland, Schweden
	+46-70-400 70 53
	www.kolarbyn.se
	Mitten im Wald, unweit des Sees Skärsjö, der nächste kleine Ort Skinnskatteberg mit Supermarkt ist 3 km entfernt
INFO	Jugendherberge, ohne Strom und fließend Wasser, dafür aber Feuer und Quelle – und eine auf dem See schwimmende Sauna
	Fensterlose Hütte mit offener Feuerstelle und zwei Pritschen. Planke als drittes Bett und Anmietung von Schlafsack möglich
	Blaubeeren Ende Juli bis September, danach Pilze (besonders Pfifferlinge)
	Kolarbyn hat auch eine schwimmende Sauna, die man selbst anheizen und für 5,50 EUR/Person (50,00 SEK) nutzen kann
	1. April bis Mitte Oktober, pro Person: 38,00 EUR (350,00 SEK), Nichtmitglieder Aufschlag: 5,50 EUR (50,00 SEK), Frühstück 7,00 EUR
	(65 SEK) Schlafsackverleih: 16,50 EUR (150,00 SEK) für den Aufenthalt
AMBIENTE	Naturnah, familiär

ERLEBEN

Elch-Safari

Eine Elch-Safari ist ein echtes skandinavisches Abenteuer. Mit maximal acht Teilnehmern zieht Markus durch die dichten Wälder und sucht nach Hufspuren der »Könige der skandinavischen Wälder«. Markus ahmt die Rufe der Elche nach, um mit ihnen Kontakt aufzunehmen. Es ist eine ruhige und doch spannende Erfahrung, die behäbigen Tiere in der Dämmerung beim Fressen auf den Lichtungen und Wiesen zu beobachten. Bis jetzt konnten in dem elchreichen Waldgebiet um Kolarbyn auf jeder Tour Elche gesichtet werden.

Inklusive Übernachtung, Abendessen und Frühstück: 195,00 EUR (1795,00 SEK), Schlafsack extra 5,40 EUR (50 SEK), nur Tour am Abend: 108,00 EUR (995,00 SEK). Buchbar über Marcus www.moosesafari.com

Angeln auf dem Skörsjö

In dem See gleich hinter den Köhlerhütten tummeln sich Hechte und Barsche. Neulinge und auch Fortgeschrittene können unter der Anleitung des erfahrenen Fischers Ingmar Johansson ihr Angelglück probieren. Mit dem Boot geht es hinaus auf den Skärsjö: den richtigen Köder setzen, die Angelrute schwungvoll auswerfen, und dann heißt es Geduld haben. Erbeutete Fische können am Abend mit Markus' Hilfe direkt über dem Lagerfeuer gegrillt werden. Im Sommer Mückenmittel nicht vergessen.

Angeltag mit Ingemar: 87,00 EUR (800,00 SEK), halber Tag: 54,00 EUR (500,00 SEK), Ausrüstung wird gestellt; zu buchen direkt bei Ingemar: +46-222-140 15; Fortgeschrittene können in Skinnskatteberg eine für die ganze Familie gültige Angelerlaubnis für mehrere Seen erwerben, für 9,00 EUR (80 SEK).

Tour zu den Wölfen

Nicht weit von Kolarbyn entfernt liegt eines der wenigen Gebiete Schwedens, in dem es noch skandinavische Wölfe gibt. Markus besucht mit Kleingruppen die Wildtier-Forschungsstation Grimsö. Nach einer Einführung in die Forschungsarbeit der Wissenschaftler geht es unter fachkundiger Führung hinaus in das Wolfsrevier. Ihre Spuren verraten die Präsenz der Wölfe, noch eindrucksvoller jedoch ist das durchdringende Heulen eines Rudels. Skandinavische Wölfe sind äußerst selten, ihre Anzahl wird auf rund 100 geschätzt, eine direkte Begegnung ist nicht wahrscheinlich.

Inklusive Transport im Minibus nach Grimsö (rund 40 km entfernt), Übernachtung in Kolarbyn, Abendessen und Frühstück: 250,00 EUR (2250,00 SEK) http://grimso.nvb.slu.se

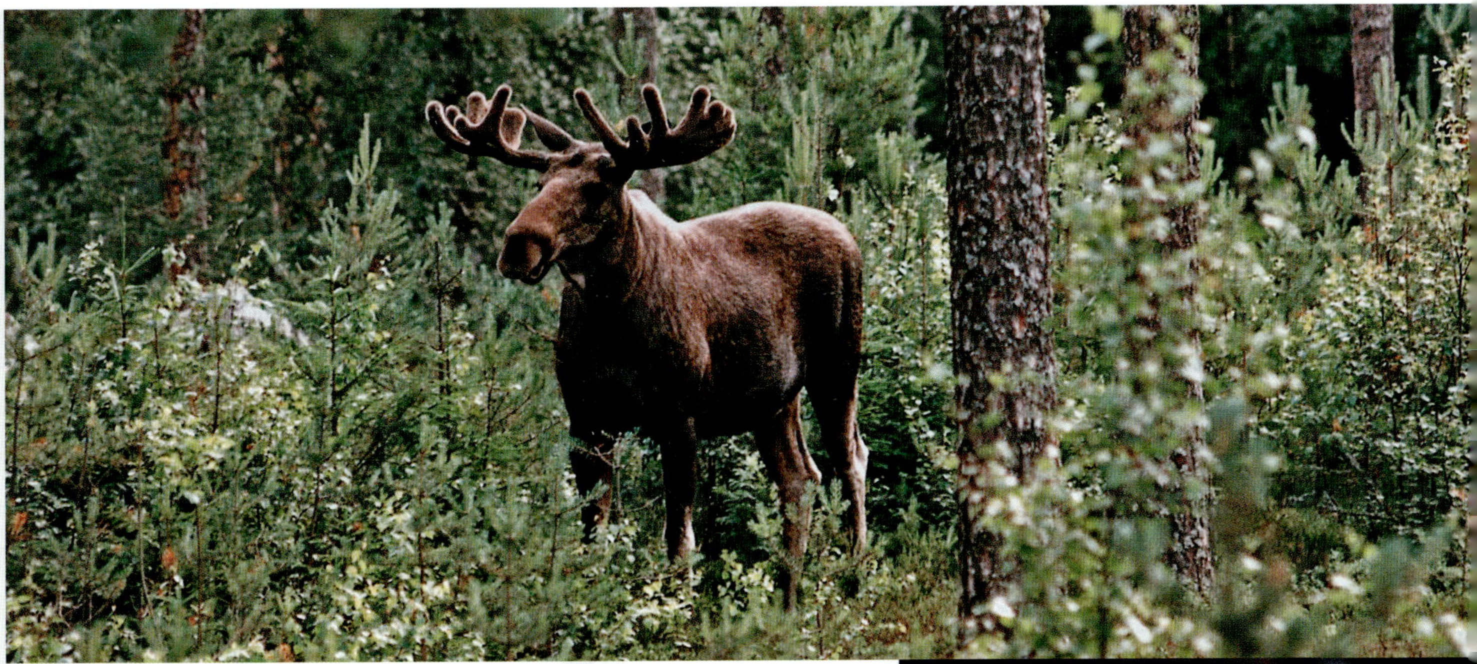

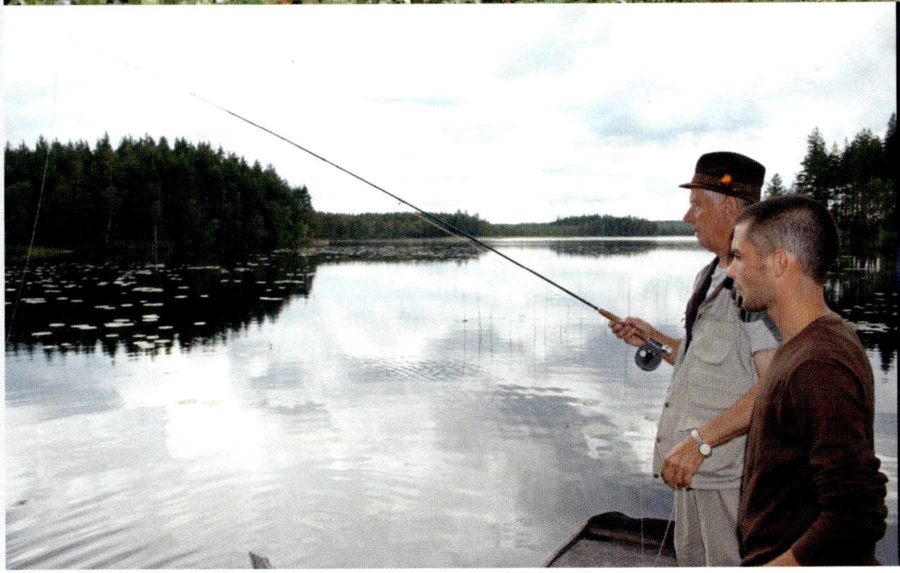

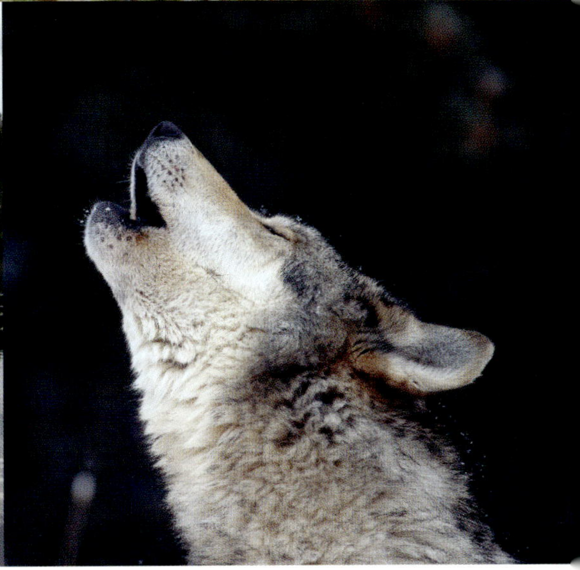

GEFÄNGNISHOTEL

LUZERN / SCHWEIZ

Immer wieder forderte Häftling Anton wütend eine Sonderbehandlung, zum Beispiel wolle er sofort in Gemeinschaftshaft verlegt werden, ansonsten würde er furchtbare Dinge tun oder sich gar umbringen. Nachdem er diese Drohungen zum wiederholten Male vorgebracht hatte, nahm ihn im Gefängnis schließlich niemand mehr ernst. Bis er sich zur Unterstreichung seiner Forderung nach einer Extraration Zigaretten dann tatsächlich das Ohrläppchen abschnitt und es dem schockierten Wärter präsentierte. Glücklicherweise ließen die Wutanfälle Antons aber bald darauf wieder nach.

Dies und Ähnliches hat sich wirklich so zugetragen, im Kantongefängnis der Stadt Luzern. Und man kann es nachlesen. Neben jeder Zelle beschreibt ein Wärter die Story ihres Insassen – des ehemaligen, wohlgemerkt.

Heutzutage sind es keine Schwerverbrecher, die hinter den vergitterten Fenstern sehnsüchtig nach draußen spähen. Internationale Gäste gehen heute hier ein – und auch wieder aus. In die pittoreske Altstadt Luzerns nämlich, die direkt vor der Tür liegt. Wenige Schritte sind es nur vom Gefängnishotel zur berühmten Kapellbrücke, dem Wahrzeichen Luzerns, und hinunter zum Vierwaldstättersee vor prächtiger Gebirgskulisse.

Bis 1998 war das mächtige graue Gebäude mit den vielen Gitterfenstern noch das Zuhause für bis zu 55 Häftlinge. Seitdem hat sich einiges verändert, der Komfort ist ins Kantongefängnis eingezogen. Die ehemaligen Zellen sind saniert und wurden mit Parkett sowie Dusche und WC versehen. Sie laden mit ihrer spartanischen Ausstattung vor allem die jüngere Generation zur Nacht.

Eine gewisse »Anstaltsatmosphäre« im Hotel ist nicht zu leugnen. Das ist auch durchaus erwünscht, denn immerhin begrüßt mich das Personal an der Rezeption in gestreifter Häftlingskleidung. Kein Zweifel, durch die Gitter und langen kahlen Gänge mit ihrem schwarz-weißen Linoleum weht noch die Tragik vergangener Schicksale. Die Gänge sind speziell so T-förmig angelegt, dass ein Aufseher in der Mitte bequem alle drei Gänge im Auge behalten konnte. Schaukästen zeigen kurios anmutende Gefängnisutensilien, von der Trinkflasche mit eingebauter Uhr über riesige Schlüsselringe, strenge Duschvorschriften und Besuchsregeln bis hin zur langärmeligen Zwangsjacke. Die Tür zu meinem Zimmer ist tatsächlich noch die originale

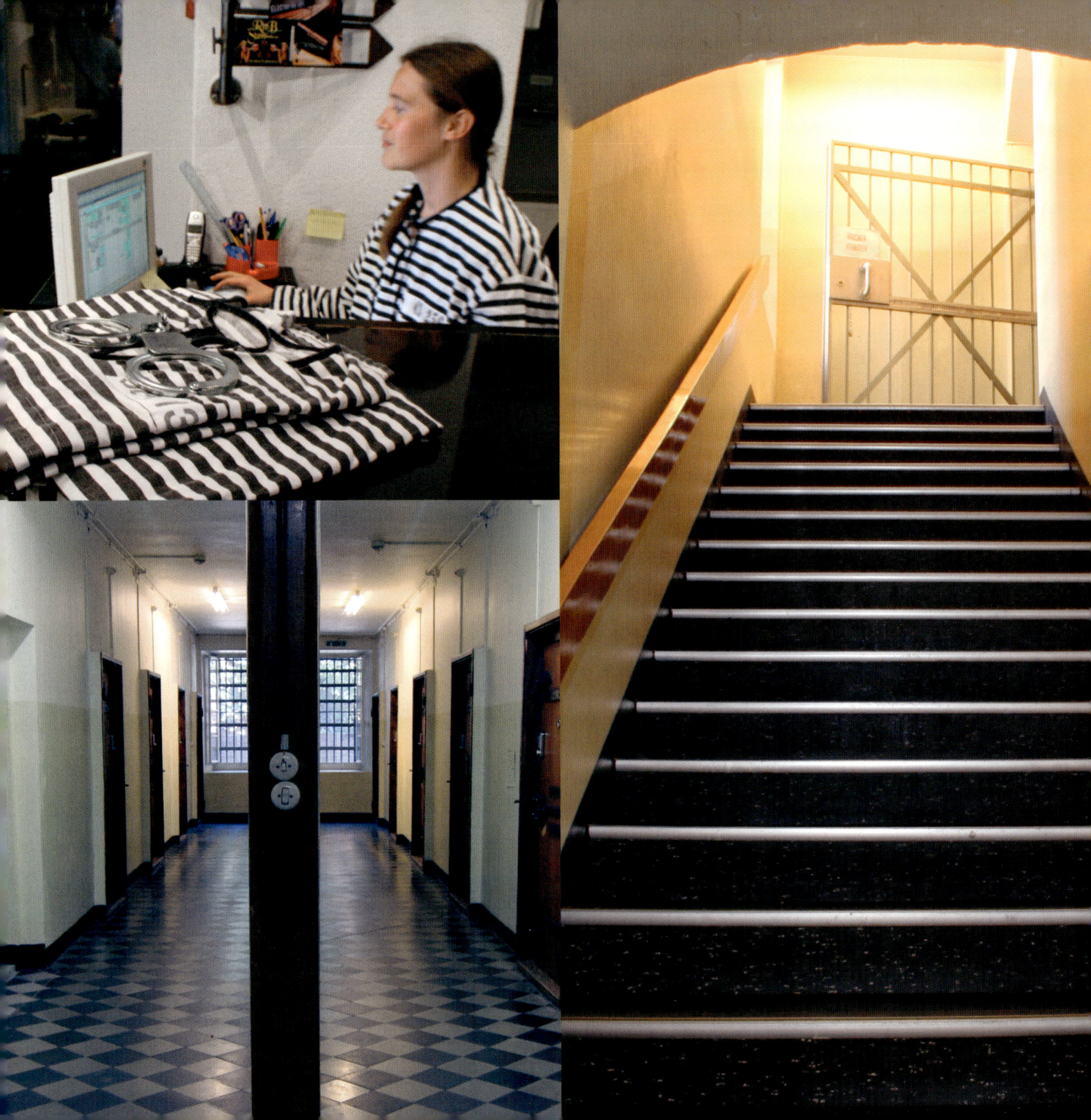

AFRIM BAFTIROSKI, BESITZER

Heutzutage muss ein Hotel etwas Besonderes sein, um sich von anderen zu unterscheiden. Deshalb habe ich das Gefängnishotel übernommen. Vielleicht hilft mein »Gaggefängnis« ja Paaren, sich nach einem Krach wieder zu versöhnen: »Liebling, es tut mir wirklich leid. Dafür gehe ich auch freiwillig ins Gefängnis! … – Kommst du mit?«

✦ ✦

schwere Zellentür aus dem Jahr 1863, mit Mehrfachverriegelung. Selbst das metallene Bettgestell ist noch das Original. Die »Suiten« halten weitere authentische Schmankerl bereit: der mondän geschnitzte Wandschrank des Gefängnisdirektors in der »Director's Suite« etwa und – ich glaube es kaum – in der »Library Suite« die Bücher der ursprünglichen Gefängnis-Leihbücherei. Beim Lesen der Titel kommen mir Zweifel, ob dies wirklich die geeignete Lektüre zur Läuterung war: »Geschäftsmann mit Vergangenheit«, »Mord will gelernt sein« und »Bis Gras darüber wuchs«.

Reuige Gäste können für einen »Schuld-und-Sühne-Urlaub« einen besonderen Service buchen. Sie erhalten bei Ankunft gestreifte Gefängniskleidung und werden in Handschellen auf ihre Zelle abgeführt. Dort warten dann schon Wasser und Brot.

Das Konzept des Hotels wendet sich vor allem an jüngere und junggebliebene Gäste. Auf dem Weg zur Bar spielt eine Gruppe von Männern lautstark eine Runde Tischfußball gleich neben den Gittern der Vorratskammer. Die angegliederte, in coolem Blau gestylte Bar ist jeden Abend geöffnet und wird auch von Luzernern frequentiert. Donnerstags gibt es dort Disco. Lärmempfindliche buchen da besser Zimmer zum Gefängnishof.

Doch immer ist spürbar: was für uns ein Gag ist, war für andere hier bitterer Ernst. Die Krimis, mit denen der durchschnittliche brave Bundesbürger nur in fiktionaler Form durch Buch oder Fernsehen in Berührung kommt, werden hier plötzlich handfeste Realität – wenn auch in bequemerer Form. Und mit Parkett unterlegt.

Unwillkürlich stelle ich mir vor, wie es wohl wäre, den Rest meines Lebens in dieser Zelle zu verbringen … Und bin froh, dass ich jetzt Ausgang habe zum Vierwaldstättersee. Da fällt mir ein, dass ich im Zimmer das Fenster offen gelassen habe. Und dann: Na, macht ja nichts, ist ja aus- und damit auch einbruchsicher! Und nun verspüre ich einen gewissen kathartischen Effekt. Ich freue mich plötzlich meiner Freiheit um so mehr.

Dieses Hotel steigert die Lebensfreude – besonders, wenn man es wieder verlässt.

✦ ✦

LAGE	Jailhotel Löwengraben – Luzern, Schweiz
	+41-41-410 78 30
	www.jailhotel.ch
	Zentral in der Luzerner Altstadt, wenige Schritte zum Vierwaldstättersee
INFO	Spartanische Standardzelle: ab 67,00 EUR bzw. 92,00 EUR für 2 Personen
	Auch 3- und 4-Bett-Zellen: 125,00 EUR bzw. 184,00 EUR, Suite für 2–3 Personen: ab 134,00–166,00 EUR
	Spezieller Service mit Gefängniskleidung, Handschellen, Wasser und Brot: +8,00 EUR
AMBIENTE	Spartanisch, schicksalsträchtig, jung

ERLEBEN

Alphornkurs

Urs Patscheider, ein lustiger alter Herr mit weißem Rauschebart, spielt schon seit über 40 Jahren Alphorn. Er lädt Neulinge ein zu einer Schnupperstunde an dem 3,4 Meter langen Instrument. Oben auf der Alm mit schönem Blick auf den Vierwaldstättersee wird das Alphorn wie eine Trompete geblasen. Mit Urs' Hilfe bekommt jeder mindestens einen Ton heraus. Auch in Kombination mit einer anschließenden Tageswanderung möglich.

Schnupperstunde 45 Minuten: 30,00 EUR
+41-41-320 6834, Mob. +41-79-670 97 94

Auf den Spuren von Wilhelm Tell auf dem »Weg der Schweiz«

Nach einer zweieinhalbstündigen Fahrt mit dem Raddampfer über den Vierwaldstättersee beginnt bei der Tellskapelle ein besonders schöner Abschnitt des »Weges der Schweiz«. Der 35 Kilometer lange Wanderweg auf der Seite des Urner Beckens am Vierwaldstättersee bietet immer wieder grandiose Ausblicke auf die Gebirgs- und Seenlandschaft. Wo heute die Tellskapelle am See steht, soll sich der Freiheitsheld der Schweiz Wilhelm Tell mit einem wagemutigen Sprung aus Landvogt Gesslers Boot gerettet haben. Neben der Kapelle steht das größte Glockenspiel der Schweiz. Der Weg führt auf Holzstegen direkt am See entlang, über Treppenwege, durch einen kleinen Tunnel und zu Aussichtspunkten, etwa bei Morschach. Von hier aus hat man einen schönen Blick auf die mythenträchtige Rütliwiese, wo einst der Schwur der Eidgenossen die Schweiz begründet haben soll. Der Weg endet in Brunnen, an dessen Seepromenade der Raddampfer zurück nach Luzern fährt.

»Weg der Schweiz«, von Tellskapelle bis Brunnen etwa 5 Stunden, Schifffahrt hin und zurück: 36,70 EUR, +41-41-367 67 67
www.lakelucerne.ch

Die steilste Zahnradbahn der Welt

Die klassische Tour geht mit dem Schiff über den Vierwaldstättersee nach eineinhalbstündiger Fahrt bis nach Alpnachstad. Dort fährt die steilste Zahnradbahn der Welt, erbaut 1889, bei einer Steigung von bis zu 48 Prozent auf den Gipfel des Pilatus. Oben in 2132 Meter Höhe warten ein Panoramablick und mehrere Höhen-Wanderwege, zum Teil in den Felsen gesprengt. Nicht selten sieht man Steinböcke und Murmeltiere. Hinunter geht es mit der Gondelbahn nach Kriens und von dort zurück mit dem Bus nach Luzern.

»Goldene Rundfahrt«: Schifffahrt Vierwaldstättersee 90 Minuten nach Alpnachstad. Zahnradbahn-Fahrtzeit auf den Pilatus etwa 30 Minuten, Gondelfahrt hinab nach Kriens 45 Minuten. Bus von Kriens nach Luzern 15 Minuten: 85,45 EUR Bergbahnen geöffnet je nach Wetter von Mai bis Oktober/November
www.pilatus.ch

KOFFER
LUNZENAU / SACHSEN / DEUTSCHLAND

Es war während einer dieser langen, ereignislosen Nachtschichten 2002, im Bahnhof von Cossen bei Lunzenau, rund 70 Kilometer von Dresden. Matthias Lehmann, seines Zeichens Bahner mit Leib und Seele und seit über 25 Jahren im Dienste der Bahn, dachte nach.

Der »sächsische Daniel Düsentrieb« mit äußerst ausgeprägtem Humor, ist bekannt für seine kuriosen Einfälle und nicht ganz ernst gemeinten Schöpfungen wie zum Beispiel Stühle mit Nägeln auf der Sitzfläche oder nur drei Beinen. Seine neueste Schöpfung jedoch sollte praktisch nutzbar sein: der Schlafkoffer.

Mit viel Engagement und Unterstützung durch Freunde und Bekannte entstand das Werk in gemeinschaftlicher Anstrengung. Ein Tischler aus dem Ort baute das Grundgerüst, der Nachbar, ein Dachdecker, die Koffer-Verkleidung, ein Klempner kümmerte sich um die Sanitärversorgung und ein Stammgast, eine Rentnerin, nähte den Sternenhimmel an der Decke. Zwei Jahre hatte es von der Planung bis zur Fertigstellung 2004 gedauert, dann war es fertig, das »Kofftel«, das erste Kofferhotel der Welt.

Seitdem grüßt der überdimensionale Koffer die Vorbeifahrenden und weist auf das Lehmann'sche Eisenbahner-Refugium hin. Als ich mein Kofferhäuschen aufschließe, der bereitstehende Gepäckwagen leistet besonders weiblichen Ankömmlingen gute Dienste, staune ich nicht schlecht, was alles in den Koffer so hineinpasst.

Klar, große Sprünge kann man hier nicht machen, doch es ist alles da, was man braucht, zwei schmale Betten, ein richtiges Bahnhofsschließfach als Minischrank, eine Waschgelegenheit, sogar ein kleines WC mit dem dezenten Hinweis für schwere Güter »Tragkraft 1600 kg«. Unter dem Sternenhimmel aus Stoff fühle ich mich gut aufgehoben. Nur aufrichten kann ich mich kaum unter der niedrigen Decke, und das will etwas heißen, bei meiner petiten Statur ... Die Inschriften an den Wänden entpuppen sich mitnichten als Krakeleien gelangweilter Gäste, sondern vielmehr als umfangreiche Lobeshymnen auf das »Serviceteam Lehmann« – ein ständig geöffnetes Gästebuch sozusagen. Ein Gast hat es vielversprechend auf den Punkt gebracht: »Ich war hier und das ist gut so.« Wer unter Einschlafschwierigkeiten leidet, für den hat Matthias Lehmann eine garantiert wirksame Lektüre bereit gelegt: die Fahrdienstvorschriften der Deutschen Reichsbahn.

Nic
rauch

Tragkra
1600 k

SONDERZUG

Obergräfenhain

"Zum Prellbock"

Zur Kneipe mit Pr...

MATTHIAS LEHMANN, ERBAUER UND BESITZER:

Die Idee zum Koffer kam mir während der Nachtschicht, kurz nachdem ein Gast – ein Philosophieprofessor – unbedingt in meinem Museumsbahnhof übernachten wollte. Das fand ich zwar originell, aber wegen der dort stattfindenden Ausstellungen war das nicht machbar. Da musste eine Alternative her und zwar eine besondere. Preiswert und originell sollte es auch noch sein und etwas mit »Reisen« zu tun haben. Da fiel mir meine Sammlung von Koffern ein. Wie wär's denn, wenn ich ein besonders großes Exemplar hätte? – Das war's!

✦✦

Draußen vor dem Koffer steht ein kleiner Tisch mit Gartenstühlen bereit für das Frühstück mit original Mitropa-Bahn-Geschirr und Blick auf den gemächlich vorbeifließenden Fluss, die »Mulde«. Idylle pur mit Vogelgezwitscher und zwei Katzen, die sich träge gähnend rekeln, um sich dann gleich wieder schlafen zu legen. Die helle ist ein Kater, nach etwas vorschneller Namensgebung getauft auf den Namen »die blonde Inge«.

Lehmanns Grundstück ist ein kleines Paradies für Bahnfreaks, der humorvollen Art, wohlgemerkt. Das Kofferhotel komplementiert eine eigenwillige Sammlung von Maschinen, Gerätschaften und Utensilien aus dem Leben eines Bahners, von der ausrangierten Diesellok im Garten über den kleinen Laden mit diversen Bahnartikeln bis hin zu dem aus Obergräfenhain hierher verpflanzten Bahnhofshäuschen, das

Matthias Lehmann liebevoll restaurierte. Heute beherbergt es ein winziges Museum mit wechselnden Ausstellungen von Karikaturisten und satirischen Zeichnern. Und dann ist da natürlich noch der »Prellbock, die Kneipe mit Pfiff«. Sie ist in einschlägigen Kreisen, sprich bei Eisenbahnfans, bis weit über die Grenzen Lunzenaus bekannt.

Randvoll und gemütlich eingerichtet mit originalen Bahnhofstischen und -stühlen, Lochzangen aus aller Welt, einem Zapfhahn in Form eines Eisenbahn-Prellbocks, DDR-Postern mit Sprüchen wie »Mit der Reichsbahn durch das fröhliche Deutschland« und dem Highlight, einer stolzen Sammlung von über 170 Bahnpersonalsmützen, die in Reih und Glied die Decke säumen. So gut wie jede hat eine eigene Geschichte, erzählt mir Matthias. Die rote zum Beispiel ist das großzügige Geschenk eines italienischen Bahnhofsvorstehers. Er übergab sie Matthias auf einem kleinen sizilianischen Bahnhof, über den bei 35 Grad im Schatten in voller Lautstärke der »Schneewalzer« schallte, mit den Worten: »Sie hat mir stets Glück gebracht. Sie hat als einzige den Anschlag der roten Brigade auf unseren Bahnhof überstanden, ich hatte gerade frei.« Seitdem verbringen Matthias und seine Frau Maritta ihren Urlaub nur noch auf »Mützenjagd« in Ländern, deren Mützen in ihrer Sammlung noch fehlen.

Doch ich setze mich hinaus an einen der schönen Tische quasi direkt am Fluss, und beobachte die Eisvögel, die ab und zu wie blaue Schatten vorbeisausen. Der »Magenfahrplan« des Prellbocks bietet Gerichte wie »Aus dem Dampfkessel«, »Flotte Schaffnersohle« und »Schmalspurkost«. Über meinem »Flügelrad«, hinter dem sich ein Putenbruststeak mit Ananas und Käse überbacken, dazu Kartoffel-Puffer und Salatbukett verbirgt, lerne ich einen für diesen Ort passend unkonventionellen und diskutierfreudigen Stammkunden kennen. Auf den ersten Blick eher Typ »Hell's Angels«, entpuppt er sich im Laufe des Abends aber ganz im Gegenteil als »Mann Gottes«, als Pfarrer von Lunzenau. Als er aufbricht, weil er nun mit den älteren Damen des Ortes noch singen müsse, kehre ich zurück in den Garten zu meinem Hotel, das ich komplett ausgebucht habe – mit meinem Zimmer.

Mein Koffer steht geduldig bereit, um diesmal *mich* auf Reisen mitzunehmen und zwar ins Land der Träume. Wohlig schlafe ich trotz der nahen Straßengeräusche ein, mit dem beruhigenden Gefühl, sicher und wohlbehalten anzukommen.

ELEFANTENZELT

ADDO NATIONAL PARK / SÜDAFRIKA

In den frühen Morgenstunden wecken mich merkwürdige Schabgeräusche, das ganze Haus erzittert. – Ein Erdbeben? Doch nein, ich befinde mich ja in einem Zelt, und ich erinnere mich an die Worte des Personals am Abend zuvor: Kein Grund zur Panik, wenn so etwas passiert. Hier im Addo National Park in Südafrika liegt die Ursache viel wahrscheinlicher bei den prominenten Bewohnern des Parks: Elefanten.

Vorsichtig luge ich hinaus und erspähe ... meine Nachbarn, die das Gleiche tun. Wir lächeln uns nervös zu und wagen uns ein wenig weiter vor, immer in sicherer Reichweite unseres vermeintlich Schutz bietenden »Zelthauses«.

Die Kratzgeräusche sind inzwischen in ein Knacken von Gehölz übergegangen. Und dann sehen wir den Verursacher der morgendlichen Aufregung: einen riesigen Elefantenbullen, der sich wohl ein bisschen den Schlaf von seiner dicken Elefantenhaut kratzen wollte. Eine majestätische und außerordentlich imposante Erscheinung. In unsere ehrfürchtig geflüsterten Töne der Bewunderung mischt sich dann aber doch ein Aufatmen, als er behäbig im Gebüsch verschwindet. Hier im Gorah Elephant Camp gibt es keine Zäune, das heißt die Tiere können, anders als in anderen Wildgehegen, bis ans Haus herankommen. Dennoch ist solch eine »hautnahe« Begegnung mit den Elefanten hier nicht die Regel.

Zu Gesicht bekommen sollte sie jedoch jeder einmal, denn nirgendwo sonst auf der Welt gibt es mehr Elefanten pro Hektar als hier im Addo National Park, in dem das weitläufige private Wildschutzgebiet des Gorah Elephant Camps liegt.

Ich ziehe mich in mein »Haus« zurück, das vielmehr ein Zelt ist, und zwar ein stabiles mit Holz-Fußboden und -Schutzdach. Daher fühlt man sich vor den Elefanten (und anderen Tieren) hier auch sicher, und tatsächlich ist noch nie etwas passiert. Die Wände bestehen aus Zelt-planen, was dem Raum sein luftig-leichtes Safari-Feeling verleiht. Doch auch Luxus in exqui-sitem Kolonialstil fehlt nicht: Ein Himmelbett aus dunklem Holz, eine elegante Sitzgruppe mit Blick über die große Veranda auf die weite Savanne, silberne Kistchen voller exotischer Nüsse – das Bild einer grazilen Frau in hellem Leinen drängt sich förmlich auf, wie sie an dem feinen Damensekretär sitzt und sehnsüchtige Briefe nach England schreibt – »Jenseits von Afrika« pur.

NICOLA SCHWIM, ASSISTANT GENERAL MANAGER

Ich glaube an eine besondere Verbindung zwischen den
Elefanten und unserm Haus Gorah. Ihr »Ancient Spirit«,
ihr »Schutzgeist«, beschützt es. Bei Vollmond kommen die
Elefanten hierher, stellen sich um das Haus und trompeten.
Die Geschichte von Gorah ist wie die der Elefanten die
eines Matriarchats. Die Farm Gorah wurde stets von Frauen
geleitet, es ist genau wie bei den Herden der Elefanten,
die von den Weibchen angeführt werden.

Wenig moderne Technik stört das nostalgische Bild. Mit Ausnahme einer kleinen Solaranlage
für die Ventilatoren und einige Lampen wird Gorah ohne Elektrizität betrieben. Auch das
unterscheidet es von anderen Lodges. Kerzen und Paraffinlampen ersetzen die Glühbirnen,
an den strengen Geruch des Paraffins muss sich freilich so mancher erst gewöhnen. Ge-
heizt und auch gekocht wird mit Gas. Die Mahlzeiten nehmen wir im Haupthaus der Lodge
ein, das Frühstück mit Blick auf eine Wasserstelle, nur dreißig Meter entfernt. Am Morgen
kommen die Tiere her, um zu trinken, Zebras, Kudus, auch Strauße, die hier früher auf der
Gorah-Farm ihrer Federn wegen gezüchtet wurden. Ein harmonisches Nebeneinander von
Mensch und Tier beim Frühstück. Die Warzenschweine wagen sich nah an uns heran, putzig,
wie sie sich auf ihren eingeknickten Vorderbeinen niederbeugen, um zu grasen. Auf der großen
Gemeinschaftsveranda mit gemütlichen Sofaecken steht ein Spektiv zur weiteren Beobach-
tung bereit.

Die Scherze des schwarzen Personals dringen aus der Küche zu uns herüber, sie scheinen
hier selbstbewusster als in anderen von Weißen betriebenen Privatreservaten. Ein Tipp: Bitten
Sie einmal William, in seiner Muttersprache vom »flightless dung beetle« zu berichten. Die
kuriose Abfolge der merkwürdig präzisen Klicklaute scheint europäischen Ohren wie eine
akrobatische Leistung seiner Zunge und Kehle.

Am Abend servieren auch die weißen Ranger, die die Gäste tagsüber auf Safari gefahren
haben, bei romantischem Kerzenlicht alles, was der afrikanische Busch zu bieten hat: Krokodil,
Impala, Kudu und Strauß.

Und damit uns die wilden Tiere nicht noch auf gefährlichere Weise begegnen als »gut durch«
auf unseren Tellern, geleiten uns die Ranger am Abend auch wieder auf den Boardwalks
zurück, bis wir verschwunden sind in unserer Safari-Behausung, nur die hauchdünne
Schutzschicht der Zeltplane zwischen uns und den Elefanten Afrikas.

LAGE	Gorah Elephant Camp – Addo Elephant National Park, East Cape, Südafrika
	+27-44-501 1111
	www.hunterhotels.com/gorah
	1 Stunde von Port Elizabeth, mitten im Addo National Park

INFO	5-Sterne-Hotel. Swimmingpool vorhanden. Modernes Bad liegt verborgen im hinteren Teil des Zelts
	Baldachin über dem Himmelbett nur in der »Honeymoon Suite«
	In diesem Hauptsektor des Addo Parks leben etwa 450 Elefanten, 300 Büffel, 14 Spitzmaulnashörner, 9 Löwen, 180 Elenantilopen,
	2 000 Kudus, unzählige Warzenschweine, Vogel Strauße, Kuhantilopen, Buschböcke, Schakale, Hyänen und etwa 300 Vogelarten
	11 Zelte, Preise je nach Saison: 325,00 EUR (3 350,00 ZAR) – 615,00 EUR (6 350,00 ZAR)
	Inklusive aller Mahlzeiten und Safari Game Drives

| AMBIENTE | »Jenseits von Afrika« im Zelt |

ERLEBEN

Gäste nehmen üblicherweise zweimal täglich an den Safariausfahrten teil, morgens um 8.30 Uhr und nachmittags um 16.30 Uhr. Diese Safaris sind zweifellos der Höhepunkt eines Besuchs im Park. Im offenen Jeep geht es hinaus in den Busch, um die Tiere zu beobachten. Keine Ausfahrt ist wie die andere, die Artenvielfalt der Tiere, die sich immer wieder anders verhalten, scheint unerschöpflich.

Die Safaris von Gorah zeichnen sich durch den außerordentlichen Kenntnisreichtum der Guides aus. Hier gibt es kein gelangweiltes Heranfahren und Knipsen, die Begeisterung der meist noch sehr jungen Ranger überträgt sich auf die Gäste. Unser Guide Johan macht auch auf die kleinen, unscheinbareren Bewohner im Busch aufmerksam, zum Beispiel die Termitenhügel oder den endemischen »flightless dung beetle«, den flugunfähigen Pillendreher. Aber auch die größeren Vertreter kommen nicht zu kurz. Die Chance, hier einen Löwen oder ein Spitzmaulnashorn zu sehen, ist groß.

Besonders faszinierend ist es, wenn man das Glück hat, das Sozialverhalten der Tiere beobachten zu können, zum Beispiel das unterwürfige Verhalten der jungen Löwen dem Vatertier gegenüber und nach dessen Verschwinden das anschließende freche Aufbegehren der Jugend durch das Übermarkieren des Reviers. Atemberaubend und unvergesslich ist auch die Begegnung mit den größten und imposantesten der Tiere, den Elefanten. Auch Menschen beeindrucken die Drohgebärden eines heranstapfenden Elefantenbullen, da ist es gut, einen erfahrenen Guide dabei zu haben.

In der Abenddämmerung dann zaubert uns Johan einen Tisch in den Busch und bei untergehender Sonne werden die aufregenden Ereignisse des Tages besprochen, bei Snacks und einem Gläschen Wein.

»Safari Game Drives« sind im Preis inbegriffen

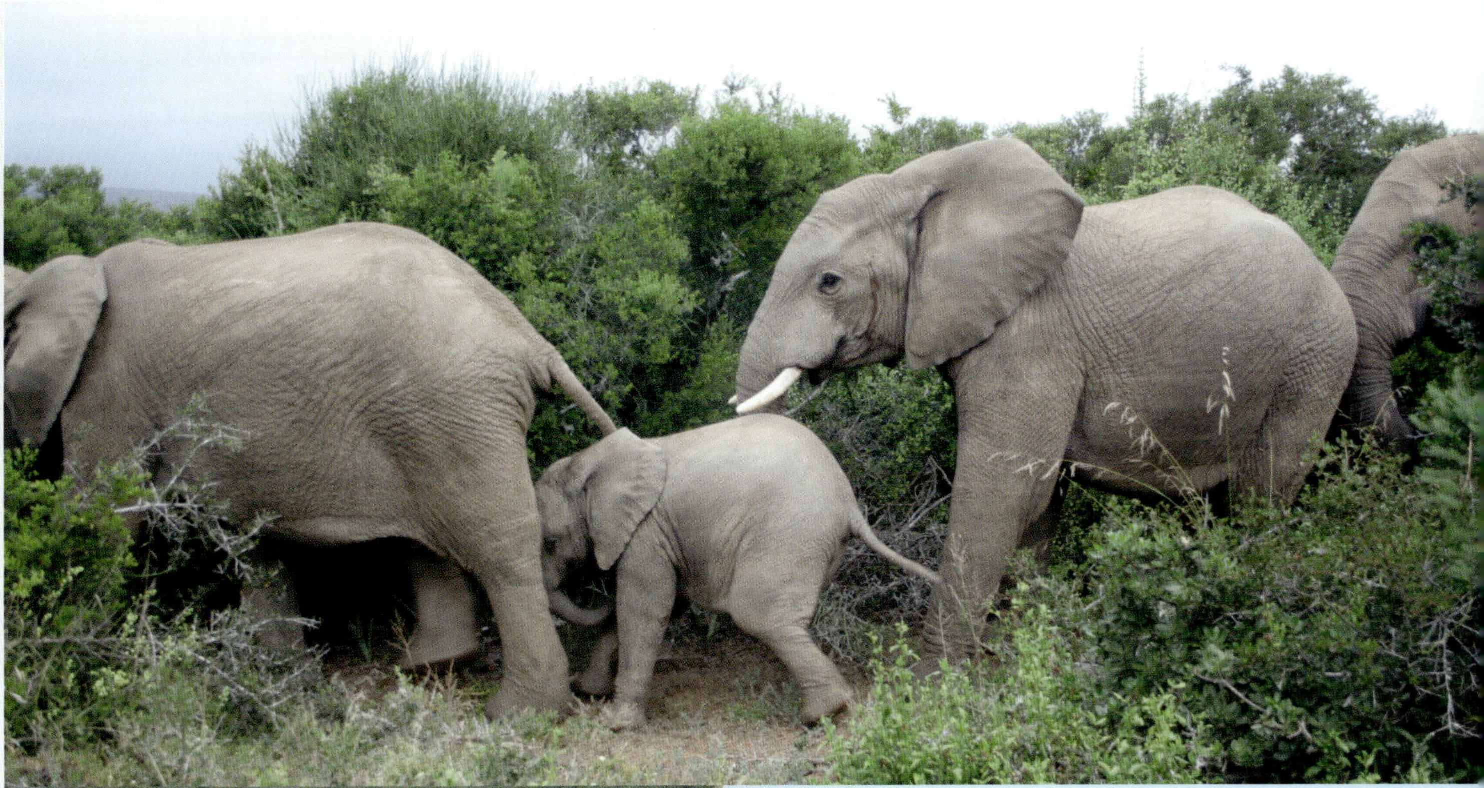

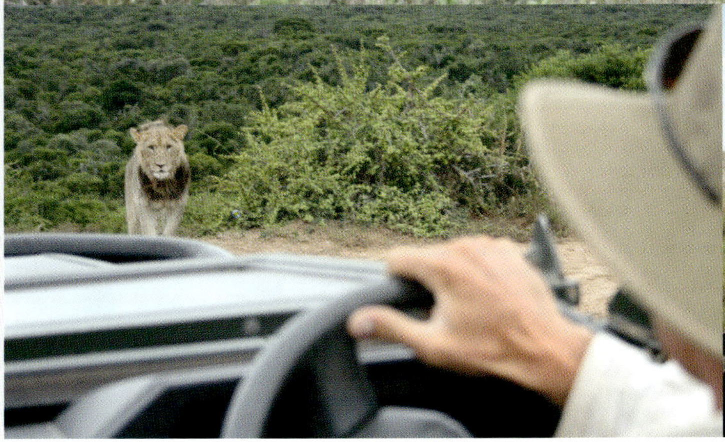

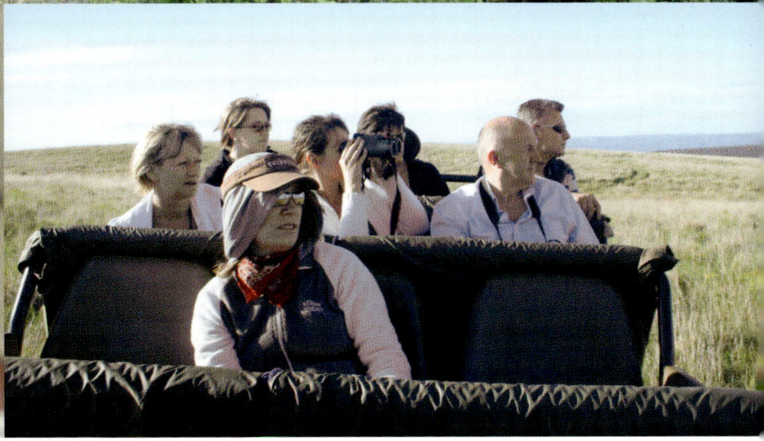

BETT IM BAUM

SABI SAND WILDRESERVAT / MPUMALANGA / SÜDAFRIKA

Mein wildes Buschabenteuer beginnt im Luxus. Zum Bett im Baum kommt nur, wer sich ins Luxus-Hotel »Lion Sands« einmietet. Meine Suite in der »Lion Sands Ivory Lodge« entpuppt sich als geräumige Villa direkt am Sabie-Fluss, mit »Infinity Pool«, also einem Swimmingpool mit überfließendem Rand, luxuriöser Einrichtung in elegantem Schwarzweiß, perfektem Service und einem Teleskop auf der Veranda, durch das man die Tiere an der gegenüberliegenden Trinkstelle beobachten kann – kurz mit allem, was man sich von einem ausgezeichneten Fünf-Sterne-Hotel nur so wünschen könnte.

Das wilde Afrika wartet draußen. Wer ihm näher kommen will, bucht ein »Zusatzbett« mitten im Busch.

Einige Stunden vor der Dämmerung bringt mich der Hoteljeep hinaus. Nach fünfzehn Minuten rumpeliger Fahrt leuchtet es plötzlich fantastisch aus dem Grün des Buschs hervor wie eine helle Zuflucht: da ist es, mein Bett für die Nacht, hoch oben im Geäst eines kahlen Ahnenbaums (Combretum Imberbe).

Über eine Treppe gelangen wir auf die hölzerne Plattform in dem über 500 Jahre alten Baum. Mein Zimmer im Freien besteht hauptsächlich aus einem riesigen Himmelbett mit Moskitonetz, einer Essecke im Safaristil, einem »Busch-Kosmetik-Tischchen« sowie einem Herrendiener in der Ecke mitsamt Morgenmantel und Regenschirm.

Der Boy Rupert deckt den Tisch mit erlesenem Porzellan, Silberbesteck und sogar eisgekühltem Champagner. Das Dinner aus einer großen Safaritasche entpuppt sich als ein aufwändig dekoriertes Gourmet-Festmahl mit mindestens sechs (!) köstlichen Gängen. Er zeigt mir noch, wie man die Petroleumlampen anzündet und das Funkgerät benutzt – falls es regnet, wird man mich holen kommen –, dann reicht er mir ein Fernglas. Das ist sehr nützlich hier oben, denn man hat einen fabelhaften Überblick über das umliegende Buschland und alles, was darauf kreucht und fleucht. Und wenn man Glück habe, könne sogar eines der großen Tiere vorbei kommen, eines der »Big Five« ...

Hmmh, und die bleiben dann unten? Was ist mit denen, die klettern können, zum Beispiel den Leoparden, für die diese Gegend so bekannt ist? Oder Schlangen? – Hier heraufzukommen wäre ganz gegen ihre Natur, lautet die lapidare Antwort. Aha. Nun ja, das ist offensichtlich

NICHOLAS MORE, CO-BESITZER

Das Chalkley-Treehouse hat mein Großvater gebaut. 1930 wurde er von zwei Löwen gejagt und rettete sich auf diesen alten Ahnenbaum. Er war so dankbar, dass er dort oben eine Plattform einrichtete. Und an den Wochenenden kam er dann oft dorthin mit seiner jungen Frau. Übernachtet hat er damals dort aber nicht, darauf sind erst mein Bruder und ich gekommen.

✈ ✈

der Thrill, für den man hier mitbezahlt. Ich blicke dem Jeep noch hinterher, dann bin ich allein im Busch. Mit den Tieren natürlich.

Es ist einiges los dort unten: eine große Herde Impalas mit übermütig umherspringendem Nachwuchs grast wachsam auf der Ebene. Ein Stück weiter weiden ein paar Kudus. Zebras ziehen vorbei, ebenso wie eine Familie von Warzenschweinen – erstaunlich, das friedliche Nebeneinander dieser unterschiedlichen Tiere.

Und dann taucht tatsächlich noch eines der »Big Five« auf, ein dickes Breitmaulnashorn, vielmehr zwei, und sie beginnen auch gleich miteinander zu kämpfen. Doch nicht allzu lange, es war wohl doch eher ein Stärkemessen zweier Heranwachsender oder ein kleiner Ehezwist. Es ist absolut faszinierend, die Tiere Afrikas in ihrer natürlichen Umgebung und ihr Verhalten in freier Wildbahn zu beobachten. Wenn auch Luxus und Komfort die Wildheit des Abenteuers mindern – Löwe bleibt Löwe, und dem ist es schließlich egal, ob man von einem silbernen Löffel isst.

Als die Dämmerung sich über die Ebene senkt, beginnen bald tausende von Sternen zu funkeln. Ich bin allein mitten in der Natur, im Freien. Die ungewohnten Geräusche und Rufe sind nun umso deutlicher zu hören. Ich liege im Bett und spüre den Wind, und ich weiß, dass die Tiere nah sind.

Die alte Dame kommt mir in den Sinn, die diese Übernachtung draußen allein im Freien unbedingt noch erleben wollte, ich kann sie gut verstehen: An ihrem Abend hier draußen begann es zu regnen. Doch sie meldete sich nicht. Schließlich rief man von der Lodge aus per Funk an, um zu hören, ob sie nicht zurück wolle. Nein, war die Antwort, ihr ginge es prächtig, sie liege im Bett mit dem Regenschirm und wolle hier nicht mehr weg.

LAGE	Lion Sands Hotel, Chalkley Treehouses – Sabi Sand Wildreservat, Mpumalanga, Südafrika
	+27-11-484 9911
	www.lionsands.com
	Bett im Baum mitten im Busch 15 Minuten im Jeep von der Lodge entfernt; im Sabi Sand Wildreservat gelegenes Privatgelände, vom »normalen« afrikanischen Alltag vollkommen abgeschottet; auf der anderen Seite des Sabie Flusses liegt der Krüger National-park; 2 Stunden vom Flughafen Nelspruit oder 25 Minuten vom Charterflughafen Skukuza entfernt

INFO	5-Sterne-Lodge, das Bett im Baum wird zusätzlich zum Zimmer in der Lodge gebucht. Kein fließend Wasser im Busch, Chemie-WC und Waschschüssel in der »ersten Etage«. Man sollte sich unbedingt einige Stunden vor der Dämmerung hinausbringen lassen, um die Tiere noch ausgiebig beobachten zu können. Abholung am nächsten Morgen erfolgt nach Vereinbarung oder per Funkgerät.
	Malaria-Prophylaxe ist nötig
	DZ »River Lodge«: ab 815,00 EUR (8 420,00 ZAR), Suite »Ivory Lodge«: ab 1630,00 EUR (17100,00 ZAR). Bett im Baum (2 Personen): zusätzlich 250,00 EUR (2 500,00 ZAR), Hochsaison Oktober–April; Nebensaison Mai–September etwas günstiger

AMBIENTE	Luxus-Wildnis

ERLEBEN

Safari-Trip im Landrover
Sehr professionelle Safari im großen offenen Landrover. Auf einem Extrasitz außen vorn sitzt der Tracker, der die Spuren der Tiere liest und sie aufspürt. Sabi Sand ist ein exzellentes Gebiet, um Leoparden zu sehen, aber auch die anderen der »Big Five«, Elefanten, Nas-hörner, Büffel und Löwen.

Im Preis inbegriffen

Astronomie-Safari
Spezial-Safari am Abend, auf der afrikanische Geschichten und Legenden über den südlichen Sternenhimmel erzählt werden.

Im Preis inbegriffen

Busch-Wanderung
Nach Anfahrt im Landrover Morgenwande-rung mit einem Ranger – eine geruhsamere Art der Safari mit speziellem Augenmerk auf die »leiseren«, kleineren Details des Buschs. Erklärung der medizinischen Heilpflanzen und Einführung ins Spurenlesen.

Im Preis inbegriffen

HÖHLENHOTEL

ÜRGÜP / KAPPADOKIEN / TÜRKEI

Kappadokien in Zentralanatolien, Türkei, zählt nicht ohne Grund zum Unesco Weltkulturerbe. Als ich mich dem Städtchen Ürgüp, dem »Tor Kappadokiens«, nähere, umfängt mich sofort der Zauber dieser überwältigenden Landschaft. Unerwartet fühle ich mich in eine andere Welt versetzt, eine Wunderwelt aus Fels und Stein. Die Gewalten der Natur – Lava, Wasser, Wind und Wetter – haben eine bizarre Felslandschaft mit riesigen Felskegeln in fantastischen Formationen und weich geschwungenen Gesteinsfalten geschaffen. Ein Spektakel der Natur, das einmalig ist auf dieser Welt.

Unverkennbar hatten hier auch Menschen ihre Finger im Spiel: Viele der Kegel, von den Einheimischen »Feenkamine« genannt, sind durchlöchert von dunklen Nischen und Höhlen, die rätselhaft und scheinbar unerreichbar in luftigen Höhen schweben. Tatsächlich sind dies menschliche Behausungen. Mit ihren eigenen Händen und primitiven Werkzeugen haben die Bewohner Kappadokiens ganze Räume in das weiche vulkanische Tuffgestein gegraben. Zugänglich sind diese nur über versteckte labyrinthartige Tunnelgänge tief im Innern.

Die Geschichte dieses Landstrichs ist eine äußerst bewegte. Die ersten Höhlenbehausungen in Kappadokien werden in die Bronzezeit vor über 4000 Jahren datiert. Hethiter, Phryger, Perser, Römer, Byzantiner, Seldschuken, Ottomanen, sie alle nannten einst die Höhlen in den Feenkaminen ihr Zuhause.

Apostel Paulus unternahm in Kappadokien erste Versuche der Christianisierung in den Jahren nach Christi Tod. Doch erst im dritten Jahrhundert entstanden in dieser Gegend schließlich die ersten frühchristlichen Gemeinden. Sie schufen zahlreiche Höhlen-Kirchen und auch -Klöster. Oftmals sind es unscheinbare Einstiegslöcher im Fels, hinter denen sich unerwartet sakrale Gewölbe auftun. In ihnen fanden etliche der ersten christlichen Mönche Zuflucht vor den einfallenden Arabern. Heute sind die bunten Bemalungen im Innern durch die Jahrhunderte mittlerweile zwar vergilbt, aber immer noch beeindruckend.

Was könnte in einer solchen Gegend passender sein, als selbst einmal zum »Troglodyten«, zum Höhlenbewohner, zu werden? Das Yunak Evleri in Ürgüp bietet die Gelegenheit, sich einmal der langen kulturellen Entwicklungsgeschichte der Menschheit bewusst zu werden. Eine kopfsteingepflasterte Seitenstraße führt zum Hotel. – Hotel? Felswand wäre passender.

ABDULLAH INAL, GENERAL MANAGER

Ein neues Haus bauen muss man hier nicht. Man braucht doch nur eine Tür, die Häuser selbst sind ja schon da. Und tritt man dann in eine Höhlenwohnung, ist es, als werde man um 2000 Jahre zeitversetzt. Wenn ich meine Gäste mit »Willkommen zu Hause« begrüße, meine ich es im wahrsten Sinne des Wortes: Willkommen im Zuhause der menschlichen Zivilisation.

+ +

Die Suiten und Hotelzimmer liegen verborgen in den Höhlen der Felsenwände. Die Räume in höheren Lagen sind erreichbar über vorgebaute Treppen oder durch verwinkelte schmale Gänge im Fels.

Die jahrtausendalte Kultur ist hier überall gegenwärtig. Wo man auch hinschaut, jede Mulde, jede Gesteinsformation scheint geschichtsträchtig. Tatsächlich, erklärt mir Okan, waren einige der Löcher in den Felswänden des Yunak hier im vierten und fünften Jahrhundert Kirchen. Schwach erkenne ich noch rötliche Kreuze an den Wänden.

Andere der insgesamt 27 Höhlen, die zur Ausweitung des Hotels nach und nach von einzelnen Ürgüper Familien aufgekauft wurden, dienten ehemals als Vorratskammern, manche noch bis vor kurzem als Wohnhäuser. Sehr beliebt waren die Höhlen auch als Taubenhäuser, unschwer erkennbar an den zahlreichen kleinen Einfluglöchern neben dem Eingang.

Jede neu erworbene Höhle wurde zunächst gründlich gereinigt, insbesondere der schwarze Rauch der Kochstellen von der Decke gekratzt, bevor sie zum Hotelzimmer wurde. Die charakteristischen groben Kratz-Muster an den Wänden zeugen von ihrer Entstehung in einer jahrhundertealten Technik: mit dem Meißel in mühseliger Handarbeit.

Mein Höhlenzimmer ist geschmackvoll, dabei recht sparsam ausgestattet mit türkischen Teppichen, Metallbetten und antikem Mobiliar aus edlem Holz. Es ist dunkel. Schwere Vorhänge aus Brokat verhängen die wenigen Fensteröffnungen. Und warm ist es, auch ohne Heizung. Die Höhlen isolieren hervorragend die bittere Winterkälte Kappadokiens (bis minus 40 Grad) und kühlen im heißen Sommer (bis 35 Grad).

Obwohl alles hier permanent an die jahrtausendalte Geschichte erinnert, ist ein Aufenthalt im Hotel weit entfernt vom echten Steinzeitleben. Denn der Jacuzzi wartet im Marmorbad, und die wertvollen Antiquitäten sind gefüllt mit Hightech-Stereoanlage, Fernseher und DVD-Player.

So will das richtige Steinzeit-Feeling nicht aufkommen. Man wird höchstens zum angenehm-nostalgischen Sinnieren über die kulturellen Errungenschaften der Menschheit verleitet, lehnt sich genüsslich im Schaukelstuhl zurück und greift nach der Fernbedienung für die passende musikalische Untermalung aus der Stereoanlage.

✦✦

LAGE Höhlenhotel Yunak Evleri – Ürgüp, Kappadokien, Türkei
+90-384-341 6920
www.yunak.com
Am Rande des 15000-Einwohner-Städtchens Ürgüp unweit der touristischen Highlights Kappadokiens
75 Kilometer vom Flughafen Kayseri, ca. 200 Kilometer südöstlich von Ankara

INFO 15 DZ, 2 Suiten, 110,00–175,00 EUR (275,00–440,00 Lira) inkl. Frühstück, HP zusätzlich 18,00 EUR (45,00 Lira)
Internetnutzung für Gäste kostenfrei

AMBIENTE Höhlen-Luxus

ERLEBEN

Wandern in spektakulärer Traumlandschaft

Vom »Sunset Point« aus (rund 30 Autominuten von Ürgüp) führen mehrere Wanderwege durch die verwunschenen Täler, zum Beispiel durch das Güllüdere Valley (rosa Tal). Der Weg erlaubt Aussichten auf bizarre Gesteinsformationen, besonders schön, wenn sich im Herbst die Aprikosenbäume leuchtend orange färben.
In der Höhlenkirche am Wegesrand haben sich etwa im Jahr 900 verfolgte Christen vor den einfallenden Arabern versteckt. Vorbei an Felsenwohnungen bei Cavusin, die noch in den 60er Jahren bewohnt waren, geht es schließlich zu den Feenkaminen im Mönchstal, pilzartig geformten Felstürmen, deren Kappe aus verwitterungsfestem Fels besteht, während der untere Teil aus weichem Tuffgestein erodierte. Hier lässt man sich am besten abholen.

Chauffeur mit Auto (bis zu 13 Personen) inklusive Benzin für einen Tag: 60,00 EUR (150,00 TRY)
Sunset Point: rund 1,00 EUR (2,00 TRY) Eintritt

Unterirdische Stadt Kaymakli

In der unterirdischen, rund 3,5 Quadratkilometer großen Stadt Kaimakli lebten ca. 4500 Menschen in einer Tiefe von bis zu 100 Metern. Nur die oberen 35 Meter sind heute zugänglich. Wichtige Verbindungstollen konnten durch bis zu 600 Kilogramm schwere mühlsteinartige Rollsteine versperrt werden. Diese »Stoppsteine« waren so platziert, dass sie von innen leicht, von außen jedoch nicht zu bewegen waren. Neben Wohn- und Gebetsräumen gab es in der unterirdischen Stadt Stallungen, Vorratskammern, Aborte, Waschplätze und sogar Weinkeller. Die Menschen konnten hier bis zu drei Monaten unter der Erde überleben, wenn sie Zuflucht suchten – wie etwa die Byzantiner 700 n. Chr. oder später die Türken und Griechen beim Kampf gegen die Mongolen. Die ältesten Stockwerke sind rund 4000 Jahre alt.

30 Minuten von Ürgüp. Eintritt: 6,00 EUR (15,00 TRY) April – Anfang Oktober: 8.30 bis 19.00 Uhr, sonst bis 17.30 Uhr

Ballon-Fahrt

Pünktlich zu Sonnenaufgang steigen die riesigen Heißluft-Ballons mit den Besuchern in ihren Weidenkörben in die Höhe. Der Ausblick über die märchenhafte Felslandschaft, die sich sanft rosa färbt, ist atemberaubend. Nur das gelegentlich tosende Stakkato des aufsteigenden Ballons unterbricht wie ein Feuer speiender Drache die morgendliche Stille. Nachdem der Ballon bei einer Höhe von maximal 1300 Metern seine Windrichtung gefunden hat, senkt der Pilot den Ballon gekonnt wieder tief hinab ins Tal, immer schön nah an den bizarren Felsformationen vorbei. Je nach Können des Piloten kann der Ballon bis knapp über dem Erdboden schweben, sogar Äpfel kann man direkt vom Korb aus pflücken.

Nichts für Morgenmuffel: Start etwa 5.00 Uhr, Abholung vom Hotel. Flugzeit 1,5 Stunden (Deluxe, max. 12 Teilnehmer) oder 1 Stunde (Standard, max. 21 Teilnehmer): 230,00 EUR bzw. 160,00 EUR +90-384-341 56 62, Mob. +90-532-416 64 61 www.goremeballoons.com

FLUGZEUG

WAITOMO / NORTH ISLAND / NEUSEELAND

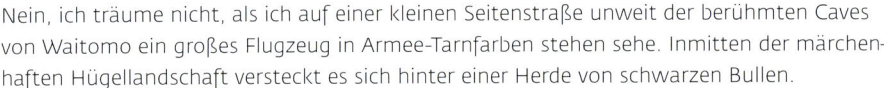

Nein, ich träume nicht, als ich auf einer kleinen Seitenstraße unweit der berühmten Caves von Waitomo ein großes Flugzeug in Armee-Tarnfarben stehen sehe. Inmitten der märchenhaften Hügellandschaft versteckt es sich hinter einer Herde von schwarzen Bullen.

Es gehört zu »Woodlyn Park«, das schon auf der Strecke hierher mit nicht gerade subtilen Werbeschildern für »Billy Black's Kiwi Culture Show« und seine »Unique Accommodation« geworben hat.

Und es stimmt. So einen alten Bristol Frachter B170 aus den 40er Jahren sieht man nicht alle Tage, genauer gesagt gar nicht mehr. Kein Flugzeug dieses Typs ist mehr in Betrieb. Das einzige andere Exemplar im Lande kann man im Royal New Zealand Air Force Museum in Christchurch bewundern. – Doch in diesem hier kann man selbst wohnen!

Der Flieger ist größer als erwartet. Unter den schützenden Flügeln steht ein Picknicktisch, die Vögel spielen in den Propellern. Im Innern befinden sich zwei Ferienapartments, eines im hinteren Teil des Flugzeugs und eines vorne im Cockpit. Erst mal gilt es, den versteckten Türgriff aufzufummeln. Doch da eilt schon ganz erfreut ein sportlicher Typ in schwarzem, wollenem (!) Muskelshirt herbei: es ist Barry alias Billy Black, der Besitzer: Anfang 50, erste graue Haare, hilfsbereit. Sogar ein bisschen schüchtern ist er und so gar nicht, wie die lautstarke Werbung vermuten lässt. Er zeigt mir, wie sich die – originale – Türklinke des ehemaligen Laderaums herausklappen lässt. Klar, beim Fliegen würde so ein herausstehender Griff natürlich ziemlich stören. Barry hat ihn extra so belassen, denn er liebt es, wenn seine Gäste selbst etwas austüfteln müssen. Er hat einen schelmischen Glanz in den Augen, als er von seiner Lieblingsbeschäftigung erzählt, nämlich Freunden wie Besuchern Streiche zu spielen. Fast stolz zeigt er mir noch das gestopfte Loch in der Wand, durch das eine Kugel durch das Flugzeug sauste, haarscharf vorbei an der hochexplosiven Ladung auf der einen und der Mannschaft auf der anderen Seite. Der Flieger transportierte nach dem Zweiten Weltkrieg Fracht und Personal nach Indien, Pakistan und sogar bis nach Vietnam.

Innen deutet nichts auf die ereignisreiche Vergangenheit hin. Weiß und blau verkleidete Wände verbergen das rohe Metall. Eine kleine Küche, Dusche, Etagenbett, Plastikstühle – ein Apartment in einfacher, aber sauberer Standard-Ausstattung, gut geeignet für Paare oder

PLANE MOTEL
GUESTS ONLY
www.waitomomotel.co.nz

BARRY WOODS, BESITZER

Zu viele Leute machen einfach das Gleiche. Ich wollte schon immer die Nummer eins sein. Wie beim Schafescheren, da halte ich immer noch mit ein paar anderen den Weltrekord im Schnellscheren. Früher bin ich um die Welt gereist als professioneller Schafscherer. Ich hab viele Länder gesehen, und ich glaube, daher weiß ich, was die Leute wollen, im Showgeschäft wie im Tourismus. Und jetzt möchte ich auch bei den Unterkünften die Nummer eins sein. Mein Ziel ist, die ungewöhnlichste Unterkunft der Welt zu haben.

+ +

eine Familie. Flugzeug-Feeling vermittelt ein bisschen die spitz zulaufende kuschelige Schlaf-Koje mit Doppelbett und kleinen runden Fenstern.

Anders in der sogenannten »Cockpit Unit«. Im vorderen Teil des Flugzeugs führt in einem ansonsten ähnlich ausgestatteten Raum eine schmale Treppe steil nach oben in die Pilotenkanzel. Barry und wohl jeder Erwachsene hat Mühe, sich durch die kleine Lücke zu zwängen. Und hier ist der Wind des Schicksals vergangener Zeiten sofort und stark zu spüren. Er weht noch durch die verschlissenen Sitze, die runden Steuerruder, die offen liegenden Kabel und durch die nicht mehr ganz schließenden Seitenfenster. Davor ein faszinierendes Labyrinth von schwarz-roten Anzeigen, Hebeln, Schaltern und Knöpfen, die sich immer noch betätigen lassen. Ein Maschinenparadies, wie es sich kleine

(und große) Jungs erträumen. Einige der Knöpfe haben alarmierende Inschriften wie »Löschknopf für Maschinenbrand« und »Funktionsgrenz-werte« – wenig beruhigend, dafür aber authentisch.

Zwei Bristol Hercules 14-Zylinder-Sternmotoren mit je 2 030 PS verbrauchten durchschnittlich 530 Liter Benzin in der Stunde und Unmengen von Öl, erklärt mir Barry. Wir klettern in die Pilotensitze. Den Fuß auf dem Bristol-Pedal, die Hände am runden Steuerruder, das sich immer noch einwandfrei hoch und nieder bewegen lässt, den Horizont vor Augen, hat man wirklich das Gefühl, gleich abzuheben.

Natürlich kommen mir sofort die Männer in den Sinn, die hier in wenig romantischer Mission unterwegs waren. Heldentum? Nein, ich habe vielmehr Mitleid mit den Männern, die sich schweißverklebt für zweifelhafte Ziele in Gefahr begeben mussten, um ihre Befehle auszuführen, vor allem den, nicht eigenständig zu denken. Doch das dürfen wir Gott sei Dank heute ja wieder. Und unserer Fantasie freien Lauf lassen, so wie Barry.

Für unartige Jungs hat Barry sich etwas ganz Besonderes ausgedacht: Wenn die dreistesten unter ihnen nicht auf ihre Eltern hören wollen und den roten Hebel betätigen, ertönt plötzlich und erschreckend real das lautstarke Geräusch eines startenden Flugzeugmotors. – Das ist typisch Barrys »Kiwi-Humor«, Prädikat »pädagogisch wertvoll«.

Direkt hinter dem Cockpit befindet sich ein Doppelbett, ungeeignet für Klaustrophobiker, denn die niedrige Decke erlaubt es kaum, sich im Bett ordentlich aufzurichten.

Mit dem Gästebuch als interessanter Bettlektüre, das erstaunlicherweise Eintragungen ehemaliger Piloten ebendieser Maschine enthält, fühle ich mich in die Welt der Flieger und Piloten versetzt. Der intensive Maschinengeruch tut ein Übriges. Kein Wunder, dass die Männer da ein wenig Poesie brauchten wie die sehnsuchtsvollen Worte vorn am Flugzeugbauch: »Arise my love and come with me«. Noch ein letzter Blick aus dem Cockpitfenster in den blinkenden Sternenhimmel, dann lege ich mich zurück und hoffe auf angenehme Träume, möglichst vom Fliegen.

TROLL

NEERIM SOUTH / VICTORIA / AUSTRALIEN

Ein steinerner Troll blickt mich an. Seine Augen leuchten in der Dämmerung. Der große Schlund scheint geduldig auf Besucher zu warten, bereit, jeden Neuankömmling willig zu verschlucken. Nein, furchteinflößend ist er nicht, dazu ist es hier viel zu friedlich. Die letzten orangen Sonnenstrahlen fallen schräg auf die Eukalyptusbäume, unten im Tal weiden zwei Pferde vor einem kleinen See. Ein kunstvoll über und über mit Drachen und Feen bemaltes Auto hält knirschend neben mir auf dem Schotterweg. Heraus steigt ein attraktives Paar, er sportlich mit grauen Schläfen und intelligentem Gesichtsausdruck, sie zierlich, mit großen warmen Augen und pfiffigem Kurzhaarschnitt. Das also sind sie, die fantasievollen Schöpfer von MiraMira, Nobby und Sheila.

MiraMira, das ist »Mirror mirror« in Aborigine-Schreibweise, »Spieglein, Spieglein« – »…an der Wand, wer hat das verrückteste Hotel im ganzen Land?«, ergänzt Nobby. Er kam auf den Namen, als an einem windstillen Tag der See die drei Terrassen des Trolls perfekt widerspiegelte. Drei Terrassen?, wundere ich mich noch, schon öffnet Nobby die schwere Holztür des Trollschlunds und verschwindet in die Dunkelheit.

Ein durch künstliche Fackeln schummrig beleuchteter Gang wie in einem Verlies empfängt uns und führt hinab. Unten weitet er sich plötzlich in eine unerwartet geräumige Höhle. Gemütlich ist es hier, farbige Lichter spielen auf den Wänden und auf den Stalagmiten und Stalaktiten, die den Raum teilen, leise plätschert irgendwo Wasser, wie in einer richtigen Tropfsteinhöhle. Nur dass diese hier eine moderne Küche mit Mikrowelle hat, eine Ess- und eine Sofaecke, einen Kamin und … eine große Terrasse, tatsächlich. Daher ist es hier auch so hell. Und eine sehr schöne ist es noch dazu, komplett mit Gartenmöbeln, Grill und einem idyllischen Blick. Vor uns liegt der See, das imposante »Rezeptionsschlösschen« mit seinen Türmchen und Drachenfiguren auf dem Dach und die sanfte Bergkette in der Ferne. – Ein wunderbarer Platz für laue Sommerabende.

Nobby hat den Standort und die Ausrichtung der Höhle beim Bau so gewählt, dass im heißen australischen Sommer die Sonnenstrahlen nicht bis in die Zimmer hinein reichen. Daher bleibt es, wenn draußen die Hitze brütet, in der Höhle stets angenehm kühl. Im Winter dagegen fallen die Strahlen der tiefer stehenden Sonne bis in die Zimmer hinein und wärmen sie.

NOBBY WARD, SCHÖPFER UND CO-ERBAUER

Ich habe vor einiger Zeit erfahren, dass ich unheilbar krank bin: Krebs. Aber das war für mich nicht das Ende, sondern im Gegenteil der Anfang. Es war für mich der Anstoß, endlich das zu machen, was ich immer schon machen wollte. So entstand auch MiraMira. Es ist kurios, aber ich musste erst erfahren, dass ich sterbe, um richtig leben zu können.

✦ ✦

Eine energiesparende ökologische Bauweise also. Nebenan liegt das erste Schlafzimmer, rund, wie eine kleine »Nebenhöhle«, ebenfalls mit eigener Terrasse ausgestattet. Das Doppelbett liegt versteckt in einer weiteren Höhle voller weicher Plüschkissen, quasi in einer Höhle in der Höhle. Dadurch bekommt man das Gefühl vollkommener Geborgenheit, sagt Nobby, so wie im Mutterleib, das spreche einen menschlichen Urinstinkt an. – Auf jeden Fall scheint es mir förderlich für einen geruhsamen Schlaf. Ich schaue hinaus aus der »Betthöhle« und blicke in den »Sternenhimmel« von kleinen Lichtern an der Decke. Hier ist Mikro- und Makrokosmos vereint, sozusagen. Nobby und Sheila haben sich eine ganze Menge dabei gedacht, als sie diesen Höhlentroll erbauten, und das, man glaubt es kaum, haben sie ganz allein beziehungsweise eben zu zweit geschafft! Nobby lieferte den Entwurf und arbeitete eine ganze »Philosophie der Urinstinkte« mit ein, wenn auch mit einem Augenzwinkern. Sheila sorgte für das Gemütliche, mit dekorativen Details wie Farnen und Muscheln, die ich in den Wänden entdecke – alles Elemente der Urzeit eben, aus der Zeit der Höhlenmenschen.

Hier kann sich inspirieren lassen, wer möchte, nicht nur auf philosophischem Gebiet: Im zweiten Schlafzimmer geht es um einen weiteren elementaren Urinstinkt: Sex. Das Zimmer ist dominiert von einem großen Himmelbett, mit Blick auf die nunmehr dritte Terrasse. Die herunterhängenden Deko-Lederriemen und das ausrangierte Geschirr der beiden Pferde (die vorne auf der Weide grasen) haben die Gäste inspiriert. Es war zwar nicht ganz so geplant, sagt Sheila, aber offensichtlich erfüllte das Zimmer ein gewisses Bedürfnis, denn plötzlich riefen Gäste an und fragten nach dem »Bondage-Room«. Begeisterte Einträge im Gästebuch belegen den Erfolg: »Ihr habt meine Ehe wiederbelebt«. Nobby und Sheila ist es recht. Seit Nobby weiß, dass er krebskrank ist, gibt er seiner Neigung zu provozieren, hemmungslos nach – wozu jetzt noch Zeit verschwenden?

MiraMira ist inspirierend. Vielleicht liegt es an Nobby und Sheilas verspielter Lebensfreude, die sich auf ihre Gäste überträgt, vielleicht an der friedlichen Atmosphäre der idyllischen Natur oder an dem Gefühl der Sicherheit, das die Höhle vermittelt, oder auch an der Kombination all dessen: MiraMira macht Lust, Neues auszuprobieren. MiraMira macht mutig.

✦ ✦

LAGE	MiraMira, »The Cave House« – Neerim South, Victoria, Australien +61-3-5626 72000 www.miramira.com.au In einer hügeligen, ländlichen Gegend nahe dem verschlafenem Ort Neerim South, ca. 1,5 Autostunden von Melbourne MiraMira liegt ein wenig versteckt aus südlicher Richtung auf der C462 kommend linker Hand
INFO	Ein riesiger Drache aus Metall windet sich um das Eingangstor. Im imposanten schlossartigen Rezeptionsgebäude hat Nobby in der fantastischen Deckenbemalung mit dem Titel »Cycle of Life« sein Weltverständnis zum Ausdruck gebracht. Zu MiraMira gehören noch weitere ungewöhnliche Unterkünfte, ein Fantasiehäuschen und eines in japanischem Stil am Teich. Troll (Cave House), »Haus« mit 2 DZ, pro Paar freitags bis sonntags: 360,00 EUR (490,00 AUD), montags bis donnerstags: 285,00 EUR (390,00 AUD). Seit 2011 sind Nobbys Sohn Carl und seine Frau Kylie die neuen Manager von MiraMira.
AMBIENTE	Heimelig, friedlich, sehr privat

ERLEBEN

Hidden Secrets Shopping Tour in Melbourne

Eine Stadtführung der anderen Art zum erfolgreichen Shopping in der »Stilhauptstadt« Australiens. Mit Geheimtipps zu versteckten Boutiquen und Fachgeschäften, die »selbst die Melbourner nicht kennen«. Besonderes Augenmerk liegt auf Melbourner Designern und jungen Modemachern, aber auch ein traditioneller Schokoladenkonditor, ein riesiger Secondhand-Laden und historische Shopping-Arkaden werden besucht. Doch ist dies keine Einkaufstour mit endlosen Anproben etc., sondern eine Tour zum Entdecken von über 50 Geschäften der City, die man nach einem gemeinsamen Lunch dann am Nachmittag individuell ausgiebiger besuchen kann. Die Touren sind gespickt mit unterhaltsamen Details, einigen Fakten zur Architektur, und sie sind eindeutig Frauen-dominiert.

Gruppen von bis zu acht Personen, jeder Teilnehmer erhält eine »Einkaufstasche« mit Infos und Stadtplan, abschließendes Mittagessen inklusive
106 km vom MiraMira, rund 1,5 Autostunden
Hidden Secrets-Tours, Lanes and Arcades-Tour
Di–Sa, 10–13.30 Uhr: 70,00 EUR (95,00 AUD), mit abschließendem Mittagessen 85,00 EUR (115,00 AUD).
+61-3-9329 9665, Mob. +61-418-332 027
(Buchung per SMS möglich)
www.hiddensecretstours.com

Animal Hospital im Zoo

Werfen Sie einmal einen Blick hinter die Kulisse eines australischen Zoos: Im Animal Hospital des Healesville Sanctuary kann man zusehen, wie Tierärzte und -chirurgen kranke Tiere behandeln. Nur eine Glasscheibe trennt die Besucher vom Behandlungszimmer und vom Operationssaal. Bei Interesse öffnen die Ärzte auch die Glastür, und die Besucher dürfen – auch während einer OP – Fragen stellen. Außerdem übertragen zwei große Monitore die Operation in den Zuschauerraum. Fast alle Tiere in Behandlung werden von Anwohnern (das bedeutet in Australien aus einem Radius von etwa 100 Kilometern) hereingebracht. Die bei weitem meisten Verletzungen werden durch

den Straßenverkehr verursacht, jeden Monat sind es im Durchschnitt über 100 Tiere. Das Hospital betreibt auch in Kooperation mit der Universität Victoria Forschungsarbeit: jedes verendete Tier wird genau untersucht, um Präventivmedikamentation zu finden. Auch Jungtiere bedrohter Arten werden hier groß-gezogen, um sie anschließend in die Wildnis zu entlassen, darunter auch verschiedene Wallaby-Arten und der Tasmanische Teufel. Healesville Sanctuary ist ein kleiner Zoo mit australischen Tieren, jedoch keinesfalls euro-päischen Ausmaßes, Hauptattraktion ist das Animal Hospital. Die Fahrt vom MiraMira nach Healesville führt auf einer wunderschö-nen Strecke durch den Latrobe Forest mit

Eukalyptuswald, ideal für einen Spaziergang zwischendurch.

Animal Hospital des Healesville Sanctuary, nördlich von Melbourne, 80 km vom MiraMira, rund 1 Stunde 15 Minuten
Eintritt: 18,00 EUR (24,50 AUD)
www.zoo.org.au

Toorongo Wasserfall

Dieses nette Ausflugsziel ist nicht zu weit vom MiraMira entfernt (47 Kilometer, 40 Minuten, für Australier ist das direkt um die Ecke). Auf dem Weg dorthin kann man sich hinter Noojee die Trestle Bridge ansehen, eine beeindruckende historische Eisenbahnbrücke aus Holz, in

beschwerlicher Handarbeit und ohne große Maschinerie vor einem knappen Jahrhundert, 1919, erbaut. Mit Glück kann man – meist im März – hier oben ein spektakuläres Lunch einnehmen, an Tischen, die sich die gesamte Brücke entlang ziehen.
Vom Parkplatz der Toorongo Falls aus führt ein schattiger, rund zwei Kilometer langer Spazierweg immer am Fluss entlang zu einer Aussichtsplattform am Wasserfall. Die Gras-flächen am Fluss gegen Ende des Wegs laden zu einem Picknick ein.

»Long Lunch«, Info bei joannek@bigpond.com

BAUMHÄUSER

KAIKOURA / SOUTH ISLAND / NEUSEELAND

Zwölf Kilometer nördlich von Kaikoura auf Neuseelands Südinsel ragen seltsam eckige Holz-kästen auf dünnen Stelzen zwischen den Wipfeln der Manukabäume hervor. Unwillkürlich muss ich an jene »Imperialen AT-AT-Kampfläufer« aus Star Wars denken, die nach einer Weile jämmerlich unter ihrer unproportionalen Last einknicken. Doch als ich mich den robusten Baumhäusern nähere, entpuppen sich die Stelzen beruhigenderweise als massive Stahlträger.

Zunächst führt der Weg eines jeden Neuankömmlings wie üblich in die Rezeption. In der Ha-puku Lodge herrscht eine Atmosphäre von unaufdringlicher Professionalität verbunden mit war-mer Herzlichkeit, ergänzt durch den Luxus und das elegante Design erlesenen Mobiliars. Eine schlichtweg perfekte Mischung für den ultimativen Verwöhnurlaub – und das in einem Baumhaus!

Tony Wilson, mit seinem Bruder gemeinsam Eigentümer und Gründer der Lodge, nimmt mich in Empfang: ein schlanker Endsechziger mit einer ruhigen, direkten Art und einem wachsamen Auge fürs Detail, sei es eine lose Glühbirne oder die Auswahl der edlen, in der Lodge verwende-ten Materialien. Er führt mich zu meinem Baumhaus namens »Tui«, wie der Singvogel mit dem lauten, charakteristischen Ruf. Meines ist das dritte in einer Reihe von insgesamt fünf, allesamt benannt nach den einheimischen Vögeln Neuseelands. Die imposanten Baumhäuser stehen in einem lichten Hain von Manukas, zu Deutsch Teebäumen. Das also sind sie, die Wunder-bäume, aus deren Blüten der antibiotische Honig stammt, Quell zahlreicher alternativer Heil-mittel. Sie verströmen schwach den wunderbaren, für Neuseeland so typischen süßlichen Duft.

Eine stabile Treppe führt hinauf. Hier oben bestehen die Wände aus Ästen und dicken Zweigen, klar, wir sind ja auch auf gleicher Höhe mit den Baumwipfeln, zehn Meter über dem Boden.

Das Baumhaus besteht aus einem einzigen großen Raum und wirkt großzügig und luftig. Der Ausblick ist fantastisch: großflächige Panoramafenster gewähren den Blick auf die majes-tätische Bergkette Kaikouras, die sich auf eine Höhe von rund 2600 Meter erhebt. Vier bis sechs Monate im Jahr sind die Gipfel schneebedeckt, wie mit Puderzucker bestäubt. Auf der anderen Seite ist das blaue Meer zu sehen. Unten grasen die Rehe und Hirsche der Lodge und erinnern daran, wie alles Mitte der 90er Jahre als eine »Deer Farm« begann. – Noch heute züchten die Wilsons hier edles Dammwild und verkaufen die Geweihe der Hirsche an die Phar-mafirmen und vor allem an hoffnungsvolle Chinesen mit Potenzproblemen.

TONY WILSON, CO-BESITZER

Ich wollte schon immer näher bei den Vögeln sein. Deswegen haben wir die Baumhäuser gebaut. Als Kinder hatten mein Bruder und ich eine Art »Baum-Fort«, es war ziemlich rudimentär, aber schön hoch im Baum. Daran sollten uns unsere Baumhäuser erinnern. Gleichzeitig sollten sie aber auch den Luxus und die Bequemlichkeit haben, die wir uns als Erwachsene verdient haben. Unser Ziel war, Unterkünfte zu bauen mit dem Komfort, den wir uns auf unseren eigenen Reisen wünschen.

Der Raum besticht durch seine geschmackvolle Einrichtung, wie nach einem simplen, aber raffinierten Rezept komponiert aus erlesenen, unbehandelten Zutaten. Viele der Möbelstücke sind Unikate, die Tony und sein Bruder entwarfen und hier auf dem Gelände, gleich nebenan in der Werkstatt des »Olive House«, fertigen ließen. Elemente wie die natürliche Form der Baumrinde am Bett – importiertes Redwood aus Kalifornien – oder die feine Maserung des Bergahorns der Schränke sind geschickt ins Design integriert und verleihen dem Raum den angemessenen natürlichen Akzent. Aber auch eine Prise Ikea fehlt nicht, die Lampen und die Sessel vor dem gusseisernen Kaminofen sind wohl auf der ganzen Welt zu finden. Doch tut das dem Gesamteindruck von Luxus und Exklusivität keinen Abbruch, diese Mixtur wirkt einfach

gemütlich und unprätentiös. Es ist alles da, wonach es den verwöhnten Gast gelüsten könnte: ein Jacuzzi mit glänzenden Düsen und Knöpfen, ein DVD-Player und ein Flachbildschirm-TV, eine Bose-Anlage mit Ipod und WLan für den Internet-abhängigen Gast; eine paradiesische Ka- chel-Fußbodenheizung, himmlisch flauschige Handtücher und die leichte Decke von seidenweichem Possumhaar tun ihr Übriges. Es ist alles vorhanden, um die Sinne des Gastes zu umschmeicheln.

Exklusiver Komfort ist Tony sehr wichtig, das Beste ist ihm gerade gut genug. Besonderen Wert legt er auf das Bett. Lange hat er die Welt bereist auf der Suche nach der perfekten Matratze für den ungestörten Schlaf seiner Gäste – vergeblich. Schließlich entwarf er seine eigene und ließ sie exklusiv für die Lodge aus zwei Lagen Hypoallergen-Latex und Wolle herstellen. Die Teppiche kommen aus dem Nahen Osten und Indien; das Holz für die Möbel aus Kalifornien, Tasmanien und Neuseeland; die doppelt verglasten Fenster als »Lärmschutz«, wenn die Hirsche röhren, vom anderen Ende der Welt, aus Deutschland. Das Essen allerdings, das kommt ganz aus der Nähe. Die Zutaten für das exquisite Abendmenü im Restaurant der Lodge stammen möglichst aus lokalen Betrieben. Das Olivenöl sogar aus dem eigenen Olivenhain mit den eigens angepflanzten 800 Olivenbäumen. Die Kräuter pflückt Rod, Manager und Koch, frisch aus dem kleinen Kräutergarten vor den Baum- häusern. Rod, der vorher eine eigene Kochshow im Lokal-Fernsehen präsentierte, kreiert jeden Abend für die Gäste der Lodge ein köstliches 3-Gänge-Menü à la Hapuku: naturbelassen und delikat.

In Erwartung des bevorstehenden Festmahls (Rehfilet mit Udon Nudeln und Rotwein-Oliven-Vinaigrette, Canterbury Rind mit Fenchel-Sauté und Cardamon-Öl, Salat von frischen Früchten) sinke ich wohlig seufzend auf das weiche Daunenbett und bin mir sicher, dass es aus einem fernen Land importiert wurde und Tony sorgfältig danach gesucht hat. Nein, wie Tarzan oder vielmehr wie Jane fühle ich mich nicht, mein Baumabenteuer beschränkt sich eher auf die Erkundung der technischen Annehmlichkeiten. Na, dann lasse ich mal das Wasser in den Hightech-Whirlpool laufen …

✈✈

LAGE	Hapuku Lodge, »Tree Houses« – 12 km nördlich von Kaikoura, Neuseeland
	+64-3-319 6559
	www.hapukulodge.com
	In Neuseelands weltberühmtem Zentrum für maritimen Ökotourismus, zwischen Bergkette und Pazifik, gelegen;
	ca. 200 m vom Meer
INFO	4-Sterne-Plus, 5 Baumhäuser, 1–2 DZ, je nach Saison und Größe: 350,00–630,00 EUR (605,00–1090 NZD)
AMBIENTE	Luxus mit Stil, perfekter Service

ERLEBEN

Schwimmen mit Delfinen

Auf gar keinen Fall verpassen sollte man, mit den Delfinen von Kaikoura zu schwimmen. Es ist ein magisches Erlebnis, diesen Wildtieren einmal so nahe zu kommen wie sonst niemals. Ein riesiger Unterwasser-Canyon vor Kaikouras Küste liefert Meerestieren aller Art, Walen, Robben, Delfinen, leichte Nahrung in Hülle und Fülle. Die wilden Dusky Dolphins, wegen ihrer Sprünge auch die »Akrobaten des Meeres« genannt, kommen hier nahe an die Küste heran. Eine Garantie gibt es allerdings nicht, und wenn Jungtiere sich in den Gruppen befinden, ist das Schwimmen verboten. Aber besonders zwischen Oktober und Mai sind Schulen von mehreren Hundert Tieren nicht selten.

Es ist ein einzigartiges Gefühl, zwischen den wilden Delfinen zu schwimmen und zu versuchen, sie auf sich aufmerksam zu machen. Denn darum geht es schießlich, um ein Unterhaltungsprogramm für die Delfine und nicht anders herum! Also benehmen sich die Schwimmer im Wasser möglichst »delfin-ähnlich«, sie schwimmen im Kreis, tauchen hinab und geben durch die Schnorchel komische Laute von sich, die die Delfine hoffentlich interessant finden – die Gäste an Bord jedenfalls tun es allemal. Es ist ein unvergessliches Erlebnis, wenn die Tiere nahe herankommen und die Schwimmer neugierig beäugen. Sie scheinen wirklich Kontakt aufnehmen zu wollen und umkreisen die Schnorchler schneller und schneller wie in einem kleinen Wettbewerb – den sie natürlich gewinnen. Ein MUSS!

Taucheranzug und Schnorchel werden gestellt. Dauer etwa 4 Stunden Ausfahrten, drei Mal täglich im Sommer, zwei Mal im Winter: 95,00 EUR (165,00 NZD) Dolphin Encounter Kaikoura
+64-3-319 6777, Freephone NZ 0800-733 365
www.dolphin.co.nz

Trees for Travellers

Wer nicht nur zwischen den Bäumen wohnen, sondern auch aktiv etwas für sie tun möchte, kann in Kaikoura zum Baumeigentümer werden. Für 12,00 bzw. 24,00 EUR (20,00 oder 40,00 NZD) kann man auf einem idyllischen Hügel über Kaikoura seinen eigenen einheimischen Baum pflanzen lassen, mit einer Lebensdauer zwischen 200 und 800 Jahren. Das Projekt versucht, den Effekten der CO_2-Emission der Flugreisenden entgegen zu wirken. »Ihr« Baum wird gekennzeichnet, per GPS lokalisiert und von nun an gehegt und gepflegt. Per Email kann man regelmäßig von seinem Baum ein Foto zugeschickt bekommen und zusehen, wie er wächst und gedeiht. Oder man kann nach Jahren zurückkehren und zum Beispiel mit eigenen Enkelkindern den Baum der Familie besuchen. – Eine ganz spezielle, lebenslange, »natürliche« Erinnerung.

+64-3-319 7148, www.treesfortravellers.co.nz

Sternetour »Kaikoura Night Sky«

Bei dieser faszinierenden Einführung in den funkelnden Sternenhimmel der südlichen Hemisphäre entdecken Sie das Kreuz des Südens und lernen, wie die Polynesier und Captain Cook es einst zur Navigation bis nach Neuseeland nutzten.

Bei sternenklarer Nacht fährt Hussein Burra mit maximal zehn Teilnehmern auf die Kaikoura Halbinsel hinaus und schaut mit ihnen durch das Teleskop. Einer der größeren Planeten, Saturn oder Jupiter, sollte je nach Jahreszeit besonders gut zu sehen sein. Den Mond samt seinen Kratern kann man bildfüllend durch das Teleskop fotografieren.

Dauer etwa 1,5 Stunden: 29,00 EUR (50,00 NZD)
Abfahrt jeweils ca. 1 Stunde nach Sonnenuntergang
+64-3-319 6635
www.kaikouranightsky.co.nz

GLASBODENVILLA

SOUTH ARI ATOLL / MALEDIVEN

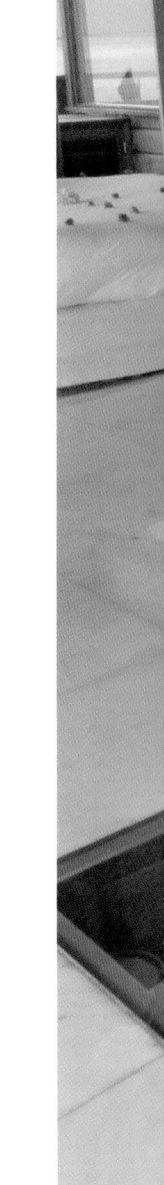

Die Malediven, das Traumziel schlechthin für jeden Sonnenanbeter und Tauchsportbegeisterten: Über 1100 Inselchen bilden den Inselstaat. Atolle sind sie allesamt, entstanden aus erodierten und nun gänzlich verschwundenen Vulkanmassen. Übrig geblieben sind mehr oder weniger ringförmige Inselhaufen aus Korallen – die Atolle. Aus dem Flieger sehen sie tatsächlich aus wie Perlen an einer Schnur, in tiefes Blau gebettet. Keines ist höher als 2,4 Meter über dem Meeresspiegel: Die Malediven sind das flachste Land der Welt.

Nach der Landung auf der Flughafen-Insel bei Male geht es mit dem kleinen knallroten Transfer-Wasserflugzeug zur Glasbodenvilla weiter. Als nach einigem Warten endlich genügend Passagiere das Flugzeugchen füllen, kommen nach weiterer 30 Flugminuten die beiden Inseln des Hilton in Sicht, durch eine lange Brücke miteinander verbunden. Wir landen mitten in der türkis leuchtenden Lagune, direkt auf dem Wasser – dies ist mal eine äußerst geräumige Landebahn.

Freundlich lächelndes Personal empfängt uns und macht uns gleich auf die eine Stunde Zeitverschiebung zur 90 Kilometer entfernten Hauptinsel Male aufmerksam. Das Hilton hat seine eigene Zeit, damit die Gäste vermeintlich länger das Tageslicht genießen und später aufstehen können! Die Hilton-Inseln bieten mehrere Restaurants (im Stil »Barfußluxus«), Spa-Anlagen, Baby-Haie im flachen Ufer und Flughunde, die in der Dämmerung wie schwere Vögel von einer Insel zur anderen flattern.

Alles wirkt freundlich, professionell, gepflegt, fünf Sterne eben, sogar sechs, geht man nach der hoteleigenen Kategorisierung. Dennoch wirken die Inseln nicht steril, sondern angenehm natürlich. Das mag an der für maledivische Verhältnisse großen Inselfläche liegen, drei Kilometer sind es von einem Ende der Inseln zum andern. Oder vielleicht liegt es auch daran, dass hier drei verschiedene Luxus-Kategorien zusammen kommen, ganz entsprechend dem Hilton-Slogan »Ein Resort, zwei Inseln, drei Erlebnisse«. – Naja, selbst die preiswerteste Klasse kam hier bestimmt mindestens in der Business Class angeflogen.

Unsere ist die Super-Edel-Deluxe-Variante. Ein junger Bursche in farbenfrohem Outfit entpuppt sich als der eigens für uns abgestellte Butler. Er wird auf Knopfdruck unmerklich und dezent in seinem separaten Entrée ein und aus gehen, um uns jeden Wunsch zu erfüllen. Wir sausen in unserm (natürlich eigenen) Speedboat zu unserer »Sunset Villa«, ein zunächst

CARSTEN SCHIECK, GENERAL MANAGER

Wir wollten noch eins draufsetzen und etwas anbieten, was sonst keiner hat. Innovation spielt in unserem Resort generell eine große Rolle. Bei uns kann man die farbenprächtige Unterwasserwelt der Malediven erleben, ohne sich die Füße nass zu machen.

✦ ✦

gar nicht so spektakulär aussehendes Haus auf hölzernen Stelzen mitten im türkisen Wasser. Es gibt zwei Exemplare dieser Art, sie liegen ganz elitär abseits vom Rest des Resorts mit – natürlich eigenem – langem Zugangssteg.

»Villa« ist hier eine durchaus passende Bezeichnung, allein die Größe unseres Domizils ist beeindruckend. Rund 200 Quadratmeter bieten alles, was das Herz begehrt – und noch viel mehr. Glastüren und enorme Fensterfronten aufs leuchtendblaue Meer, alles wirkt offen und luftigleicht. Gleich beim Eintreten schimmert uns der riesige Glasboden entgegen. Dies dürfte der größte seiner Art überhaupt sein. Darauf scheinen die Sessel auf dem Wasser zu schweben. Und unten tummeln sich die Fische. Wir sind versucht, gleich die Sessel zu entfernen und uns zur großen Unterwasser-Show auf die zehn Quadratmeter große Fläche zu begeben, ganz ohne nass zu werden. Doch wir haben gar keine Zeit, uns den langnasigen Trompetenfischen gebührend zu widmen, denn schon entdecken wir in der Villa ein Highlight nach dem andern.

Alles ist vom Feinsten. High-Tech von Bose. Bade-Artikel von Bulgari. Offene Edel-Dusche, natürlich in Marmor. Daneben ein riesiger Jacuzzi mit allerlei Knöpfen und Touchpads. Draußen ein weiterer Jacuzzi auf der Terrasse. Eine das Haus umlaufende großzügige Veranda. Ein rundes Bett, das sich auf Knopfdruck mit dem Sonnenuntergang dreht. Ein Fernrohr.

Tja, bei so viel spektakulärem »Verwöhnluxus« ist die Entspannung eine anstrengende Sache. Es dauert erst mal, bis wir uns durch die Bedienungsanleitungen durchgearbeitet haben. Wir wollen zunächst einmal schlicht das Licht anschalten, leider bleiben all unsere Versuche ohne Erfolg ... Aber dann fällt mir plötzlich etwas ein. Wir brauchen ja nur einen Knopf zu drücken – wozu hat man schließlich seinen Butler.

Soll ich nun ein bisschen auf dem Glasboden die Fische beobachten oder damit lieber bis zum Abend warten, wenn die Show dort unten erst richtig los geht, sobald die Nachtbeleuchtung die Fische anlockt? ... Dann eben erstmal ein Bad nehmen, drinnen in dem edlen Jacuzzi? Oder vielleicht doch lieber draußen auf dem Sonnendeck? So manch einer mag überfordert sein mit der Wahl des passenden Jacuzzis. Nun ja, ich weiß, welchen ich wähle, nämlich den größten: das traumhaft türkis leuchtende Meer.

LAGE	Conrad Maldives Rangali Island, »Sunset Villas« – Rangali and Rangali Finolhu Islands, South Ari Atoll, Malediven
	+960-668-0629
	Nur per Wasserflugzeug zu erreichen, 30 Minuten von Male
	www.conradmaldives.com

| **INFO** | 5-Sterne-Resort, Transfer mit »Maledivian Air Taxi«, Extrakosten 350,00 EUR (505,00 USD). Man sollte unbedingt auf eine Ankunftszeit bei Tageslicht vor 16.00 Uhr achten, da man sonst eine Überbrückungsnacht in Male verbringen muss. |
| | 2 Sunset Villas für bis zu 4 Personen: Nebensaison ab 3 920,00 EUR (5 675,00 USD), Hauptsaison ab 5 490,00 EUR (7 945,00 USD) |

| **AMBIENTE** | Insel-Luxus pur |

ERLEBEN

Schwimmen mit Manta-Rochen

Ein absolutes Muss für jeden tauchfähigen Besucher: Zehn Bootsminuten vom Hotel entfernt befindet sich am Madivaru Riff der sogenannte »Manta Point«, an dem sich regelmäßig die riesigen Mantas treffen. Die majestätisch dahingleitenden Tiere halten sich normalerweise in einer Tiefe von 200 bis 300 Metern auf, kommen aber zwischen Dezember und April herauf bis an das Riff, um sich von den dort lebenden Putzerlippfischen von Parasiten reinigen zu lassen. Durch die geringe Tauchtiefe von nur vierzehn Metern ist diese unvergessliche Begegnung mit den friedfertigen, imposanten Tieren, die eine Spannweite von bis zu sieben Metern erreichen, nicht nur für Tauchprofis, sondern auch für Anfänger geeignet.

1,5 Stunden inklusive Ausrüstung und Guide: 75,00 EUR (108,00 USD)

Dinieren über dem Wasser

Wer auch mal eine andere, typisch winzige Insel der Maledvien besuchen möchte, dem sei für das andere Extrem im Dinner-Erlebnis das wunderschöne Inselparadies Baros empfohlen: Hier speist man nicht unter Wasser, sondern in für die Malediven maximaler Höhe über dem Wasser, das heißt so hoch wie die Palmen wachsen. Das zweistöckige Lighthouse-Restaurant thront auf Stelzen mitten im türkisblauen Wasser. In der Gallerie der Lighthouse Lounge oben hat man einen prächtigen Ausblick über die Lagune des Atolls und ihr intensives Farbenspiel. Nicht selten schwimmt auch ein Rochen vorüber. Die Lighthouse Lounge ist ein ideales Plätzchen, um den Sonnenuntergang zu genießen.

Exquisites Abendessen im Restaurant direkt am Wasser, den Sommelier stets zur Seite. Abholung im Speedboat nur vom 20 Minuten entfernten Male. Lighthouse Restaurant Baros +960-664-26 72, www.baros.com

Dinieren unter Wasser

Dieses weltweit einmalige Dining-Erlebnis findet sozusagen auf dem Meeresgrund statt: Fünf Meter unter der Wasseroberfläche werden erlesene Speisen serviert. Eine transparente Acrylröhre erlaubt eine Rundum-Sicht auf vorbei- und über die Gäste hinweg ziehende Fischschwärme, die hier wegen der Tiefe zahlreicher und vielfältiger ausfallen, als man es vom Schnorcheln her kennt. Jeden Abend schweben auch Stachelrochen bedächtig über die Gäste hinweg, ihre Fütterung im offenen Meer kurz vor dem Mahl sichert ihr Erscheinen. Endlich hat man Gelegenheit, die farbenprächtige Unterwasserwelt der Malediven bequem und mit genügend Verweildauer zu bestaunen. Die Gelegenheit, sich an den Fischen »satt zu sehen«.

Einziges vollständig verglastes Unterwasser-Restaurant der Welt. Platz für 12 Personen. Formelle Kleidung erwünscht. Anmeldung erforderlich. 6-Gänge-Menü westlich-maledivischer »Fusion-Küche«: 250,00 EUR (363,00 USD)

Bibliografische Information der Deutschen Nationalbibliothek
Die Deutsche Nationalbibliothek verzeichnet diese Publikation in der Deutschen Nationalbibliografie; detaillierte bibliografische Daten sind im Internet über http://dnb.d-nb.de abrufbar.

4., aktualisierte Auflage, 2011

Graphische Gestaltung: C21 new media design, Wien, www.c21.at
Lektorat: Elisabeth Hölzl
Fotografien: alle Abbildungen © Bettina Kowalewski, mit Ausnahme von: S. 17, rechts oben: Ton Baggerman; S. 20, unten: Icehotel; S. 59, rechts oben: Furka; S. 59, rechts unten: Wasserweg Göschenen, Martin Dubacher; S. 65, links oben: Camera Obscura and World of Illusions; S. 65, rechts oben: College of Piping; S. 65, unten: Callendar House; S. 91, links oben: www.britainonview.com; S. 91, Mitte: Turus Mara, Ian Morrison; S. 109, links oben: www.visitBerlin.de; S. 109, rechts oben sowie rechts unten: Arena Berlin; S. 109, links unten: Berlin on Bike; S. 114, links oben: Lasse Fredriksson; S. 115: Marcus Jonson; S. 117, oben: Joop Bierling; S. 117, rechts unten: Marcus Jonson; S. 125, rechts oben: Schweiz Tourismus, SwissImage.ch; S. 135: Gorah Elephant Camp, Nicola Schwim; S. 149, links oben: Lion Sands; S. 159, rechts: www.goremeballoons.com; S. 167, Mitte: Spellbound Tours; S. 167, rechts: Destination Waitomo; S. 183, rechts unten: Kaikoura Nightsky; S. 191, links oben sowie rechts unten: Conrad Maldives Rangali Island.

Reprografie: Pixelstorm, Kostal & Schindler OEG, Wien
Gedruckt in der EU.

ISBN 978-3-902510-21-1

Christian Brandstätter Verlag
GmbH & Co KG
A-1080 Wien, Wickenburggasse 26
Telefon (+43-1) 512 15 43-0
Telefax (+43-1) 512 15 43-231
E-Mail: info@cbv.at
www.cbv.at